BRUCKMANNS
STÄDTEPORTRÄTS

FLORENZ

»Trotzdem Florenz vor mir so weit und willig ausgebreitet liegt (...) verwirrte es mich zuerst so, dass ich die Eindrücke kaum zu sondern vermochte und unterzugehen glaubte in dem grossen Wellenschlagen einer fremden Herrlichkeit.«

Rainer Maria Rilke

BRUCKMANNS STÄDTEPORTRÄTS

FLORENZ

ERNST WRBA • PAUL OTTO SCHULZ

Bruckmann

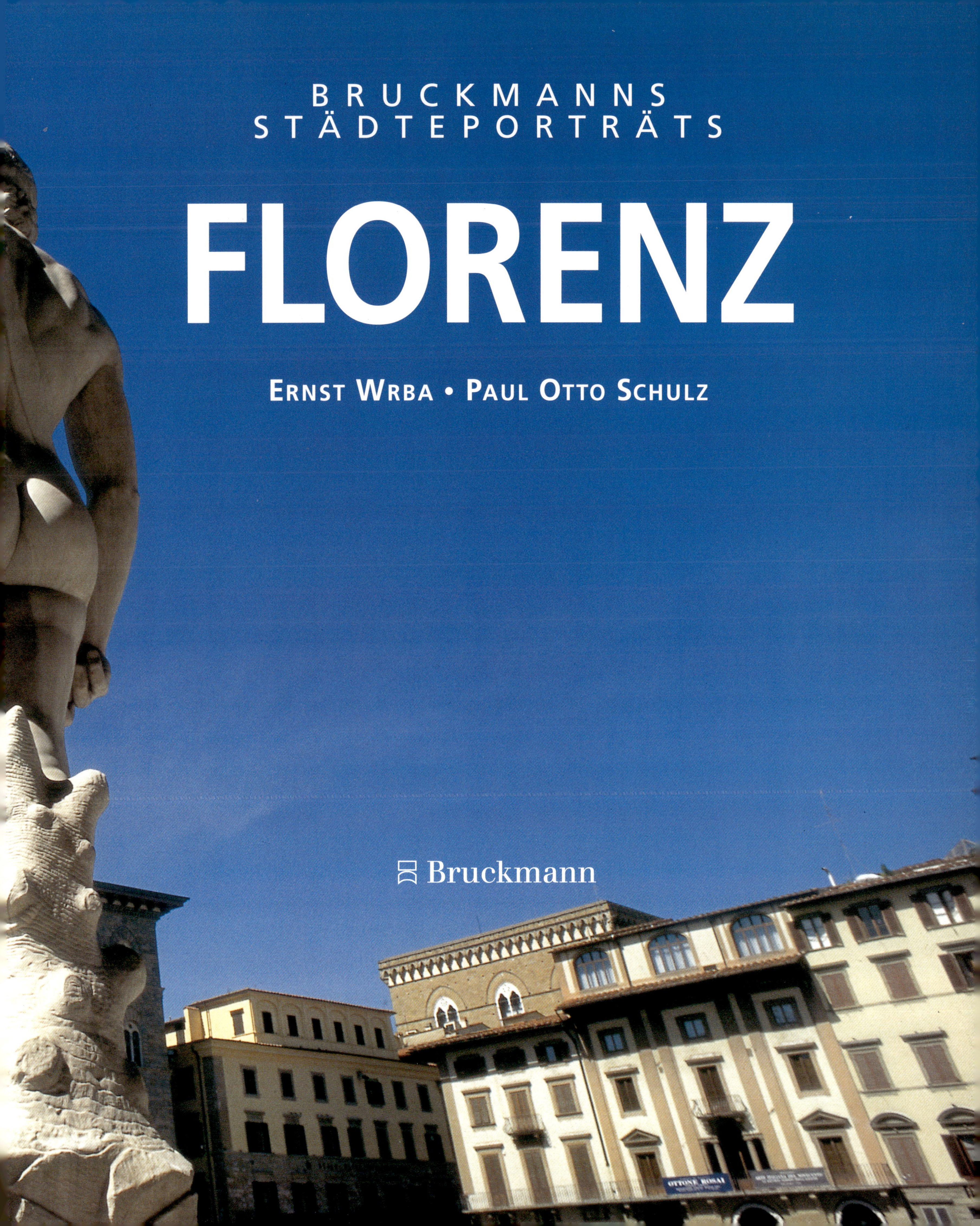

Inhalt

Kaleidoskop 6

Lichtspiel in Santa Maria Novella

Stadtviertel und Regionen 32

Der Tribünensaal in den Uffizien

Das römische Theater in Fiesole

Im Innenhof des Palazzo Vecchio

Beim Blick über Florenz mit seinem phänomenalen Dom und dem Palazzo Vecchio versteht man, warum diese grandiose Stadt zum Weltkulturerbe der UNESCO gehört.

Kaleidoskop

Wer nach Florenz reist, in die Stadt der Künste, des Humanismus, der Genies wie Donatello, Botticelli, Michelangelo, sollte sich auf starke Eindrücke gefaßt machen. Die Stadt bestätigt triumphal die Überzeugung der Renaissance-Größen, die Menschen könnten von sich aus alles vollbringen, sobald sie es wollen, wie Leon Battista Alberti sagte. Die antike Idee, der Mensch sei das Maß aller Dinge, wurde hier wiedergeboren. Der Einfluß von Florenz auf die westliche Kultur wird nur noch von Rom und Athen überboten. Aber Florenz ist nicht nur die Stadt der alten Künste, sondern auch des vitalen urbanen Lebens.

Christus der Weltenrichter thront über dem mystischen Oktogon des Baptisteriums (11.–13. Jh.), in dem alle Florentiner getauft wurden. Auch Dante. Das Kuppelmosaik (1220–1330) schufen Meister aus Venedig.

Die Heilige Familie in farbkräftiger Fayence. Das Relief von Agostino di Duccio ist im Bargello, dem großartigen Nationalmuseum, ausgestellt.

Nirgendwo ist es so deutlich, daß die Florentiner von römischen Kolonisten abstammen, wie auf den Märkten. Ihre Liebe zu all den duftenden und nahrhaften Köstlichkeiten aus dem toskanischen Bauernland ist unübersehbar.

MELE
2000
ETTO
ALBICOCCHE
2000
ETTO

TUTTO
SAPORE
DURI
POMODORI
NOSTRALI
2000
KILO
OFFERTA
3 KILI
£ 4000 LIRE

SCARPERIA

Willkommen in Florenz

Fresken von Domenico Ghirlandaio in der Kirche Santa Maria Novella. Rechte Seite: Das Original von Michelangelos weltberühmtem David in der Galleria dell'Accademia.

Nach Florenz reist man nicht zufällig. Auch nicht beim ersten Mal. Man folgt dem Ruhm der Stadt und dem Ruhm ihrer Menschen. Menschen der Renaissance zumeist. Dieser Ruhm gehört der Geschichte. Aber da die Leistungen so einzigartig sind, bleibt die Stadt, die als Weltkulturerbe den Schutz der UNESCO genießt, ein ungemein faszinierendes Ziel.

Florenz stellt eine Gegenwelt zum modernen Alltag dar.

Je nach Charakter oder Beruf, Geschmack oder Stimmung, ist Florenz für die einen die Stadt Macchiavellis, für die anderen die Michelangelos. Architekten schwärmen für die formschönen Architekturen. Brunelleschis »doppelschalige« Domkuppel kommt einem Weltwunder gleich. Die Ausstatter und Designer können sich nicht sattsehen an den Einrichtungen der Paläste, von den bemalten Plafonds, den Goldledertapeten bis hin zum Tafelluxus. Objekte wie Details überbieten einander an Ingeniosität.

Wer Malerei liebt, gerät ins Schwärmen bei dem Gedanken an die prall gefüllten Uffizien, den Palazzo Pitti, an die Fresken der Kapellen. Anderen ist allein Botticelli eine Reise wert. Oder Giotto. Oder Uccello. Oder Raffael. Oder Fra Angelico...

Der Ölzweig nach der Sintflut

Wenn der Zug in den Bahnhof Santa Maria Novella einfährt, wären wir nicht überrascht, auf den Schildern Milano oder Roma angekündigt zu sehen. Bahnhof ist Bahnhof, mehr oder weniger, egal wo.

Doch Moment, bitte. Er heißt ja Santa Maria Novella! Unser Gedächtnis blättert in einem dicken Bilderbuch, schlägt eine Doppelseite auf: Wir sehen das Fresko von Paolo Uccello mit der überspitzt perspektivisch gemalten Arche Noah, die aus der Wand zu dringen scheint. »Die Sintflut«. Links: Die Wasser steigen. Rechts: Die Arche ist gelandet. Und Noah empfängt die Taube mit dem Ölzweig im Schnabel – eine poetische Geste der guten Hoffnung: Keine Katastrophe ist gewaltig genug, als daß es nicht immer wieder einen neuen Anfang geben könnte.

Das versteht auch der Mensch unserer Zeit. Und er versteht den Künstler, der Gott so tiefernst und besorgt darstellt, wie er die Lage der Welt nach der Todesflut neu überdenkt. Gott dargestellt wie ein Patron der Renaissance, mit beiden Füßen auf dem Boden… Ganz menschlich. Ein gutes Omen. Das Fresko gehört zu Uccellos Zyklus im Chiostro Verde, dem Grünen Kreuzgang in Santa Maria Novella. Gleich beim Bahnhof. Das ist der Beweis: Wir sind in Florenz »gelandet«.

Unser erster Gang führt direkt zu Uccello. Die konkrete Anschauung übertrifft alle Vorstellungskraft und Theorie. Nach andächtigem Sich-Verlieren vor einem märchenhaft naiven Paradiesfresko ein Seitenblick in die Realität: Weit über Kopfhöhe ist die Flutmarke von 1966 angebracht. Der Zyklus – wie vieles andere Wunderbare in der Stadt – wurde durch Fleiß der »angeli del fango«, der »Schlammengel«, und der Restaurateure gerettet: Auch das ist die Botschaft des Ölzweigs.

Willkommen in Florenz, das so viele Jahrhunderte, Kriege und Fluten überstand.

Eine Anmerkung drängt sich auf: Vielleicht sind gerade jene Reisenden zu beneiden, die ohne Vorwissen, ohne Vorlieben und ohne Vorurteile Florenz betreten, nur auf

Santa Maria Novella. Fresko von Andrea Bonaiuti in der Spanischen Kapelle des Klosters (links), Glasfenster in der Kirche (oben rechts).

Grund einer unbestimmten Ahnung hin, hier etwas Bedeutsames für ihr persönliches Leben zu erfahren. Seit vielen Generationen ist das so. Daß sich in Florenz täglich mehr darbietet, als man sehen, betrachten, begreifen kann – diese Erkenntnis soll man nicht fürchten. Florenz als »Schule des Sehens« gepriesen, fordert bei Sinnenüberlastung ein simples Gegenmittel heraus. Wie beim Schulstreß: schwänzen.

Sich treiben lassen mit den bunten Menschenmengen durch das Gassengewirr der Altstadt, in dessen Winkeln noch das Mittelalter zu wohnen scheint. Zu den hellen Plätzen, zumal zu der theatralischen Piazza della Signoria mit dem einzigartigen Ensemble aus Palazzo Vecchio und Loggia dei Lanzi. Hier steht die schönste »Freilichtsammlung« an Plastiken der Welt! An den Schaufenstern der eleganten Straßen, wie der Via Turnabouni, vorbeiflanieren. Den grandiosen Palazzo Medici-Riccardi nicht als abzuhakende Aufgabe zu durcheilen, sondern als Prunkstück der Lebens-

kunst zu durchbummeln! Der jugendliche Lorenzo »der Prächtige« zu Roß im »Zug der Heiligen Drei Könige« in der von Gozzoli freskierten Kapelle ist ja so verblüffend sympathisch... Oder in die blauen Hügel fahren und die als unvergeßlich gerühmten Ausblicke auf Florenz und sein weites Tal mit den von Villen und Kirchen gesprenkelten Hängen in sich aufnehmen. Oder in einer Enoteca, einer Schlemmerweinstube, still vor Anker gehen und den Chianti, die Menschen, das Interieur, die Umwelt, das weiße Brot, die Oliven, den kleinen toskanischen Imbiß... eben einfach genießen.

Florenz, das Tal und die Höhen, wie man sie vom Ponte Vecchio sieht, sind umgeben von einer Aura von Verheißungen. Sie stimulieren so altmodische Begriffe wie Bildungshunger, Schönheitsdurst, Italiensehnsucht... Übrigens, unser klassischer Italienreisender, Goethe, machte um Florenz einen Bogen. Er suchte die »Ruinen« der Antike in Rom und nicht die aufrechten Bauten der Renaissance. Schade, denn in Florenz hätte ihn manches zu einem geistvollen Urteil anregen können. Etwa wie die »innere Sicherheit und Männlichkeit des Michel Angelo, seine Großheit geht über allen Ausdruck«.

Die Stadt Davids

Genau in dieses Goethewort, das natürlich dem römischen Michelangelo galt, könnte man den Gesamteindruck der Stadt Florenz fassen. Und ihr »David«, gutaussehend, kompakt und wehrhaft, ist die treffende Symbolgestalt der Stadt. Florenz ist die Stadt Davids. Denn als Stadtrepublik zwischen den Mächten des Kaisers und des Papstes mußte es sich gegen manchen Goliath behaupten.

Und so ist es gar nicht so paradox, daß sich das der Göttin Flora geweihte Florenz so extrem maskulin und kämpferisch gibt. Das äußert sich bereits in den strengen, hochmütigen Bossenwerk-Fassaden der Paläste, deren dunkelbrauner Sandstein, wiederum paradox, »pietra serena« (heller Stein) heißt. Ausgesprochen massiert aber in der Ansammlung der Plastiken, die auf der Piazza della Signoria ihre Lektionen in Hauen und Stechen vorführen: So würde man jene traktieren, die wider die Republik sind oder – später – sich gegen ihre Tyrannen erheben, die Medici.

Stendhal, der im Dienste des Imperators Napoleon Bonaparte Europa bis Moskau bereiste, suchte ein anderes Europa als jenes, das ihm zwangsweise zur Kenntnis gebracht wurde. Nicht in Paris, in Florenz entdeckte er es. Wie trunken lief er durch die Stadt und befand: »Innerhalb dieser Mauern nahm die Kultur einen neuen Anfang [...].« Ein Neuanfang bedeutet ja auch immer Befreiung von Altlasten.

Wiedergeburt, Renaissance, »rinascimento« – diesen Namen trug die Befreiung vom dunklen Mittelalter, von der Fremdbestimmung starrer fremder Dogmen. Oder wie Giorgio Vasari, der Zeitgenosse Michelangelos, meinte, die Befreiung von »der Barbarei der Goten«. Worunter er das Nicht-Italienische schlechthin verstand.

Der Mensch ist das Mass aller Dinge

Der befreiende Geist wurde in den Schriftrollen, den Monumenten und Kunstwerken der griechischen und römischen Antike wiederentdeckt. Florentiner Intellektuelle und Künstler diskutierten schon im 14. Jahrhundert über »Würde und Adel des Menschen« (so der Titel einer Schrift des Humanisten Giannozzo Manetti). Das bedeutete nichts anderes als »Ehre dem Menschen auf Erden, jetzt und hier«. Dieser »neue« Mensch wurde nicht mehr als die demütige mausgraue Kreatur des Mittelalters gesehen, sondern als edelstes Wesen der Schöpfung nach dem Ebenbild Gottes.

Die Folgerung: Der Mensch ist der Mittelpunkt des Universums. Oder wie Leon Battista Alberti geradezu ketzerisch sagte: »Der Mensch ist das Wesen und Maß aller Dinge.« Der Mensch – nicht Gott. (Heute möchte man ergänzen: nicht die Sachzwänge.) Alberti rekapitulierte eine Sentenz, die der griechische Philosoph Protagoras rund 400 Jahre v. Chr. prägte. Heiden wie auch Platon und Aristoteles konnten nun also Verkünder göttlicher Wahrheiten sein! Und so grub man in den Abgründen der alten Bibliotheken und Archive nach den erhellenden Texten des Altertums wie nach Geburtsanleitungen für den neuen Menschen. In Florenz legte sich der Kaufherr und Bankier Palla Strozzi die erste Bibliothek im modernen Sinne zu. Eifersüchtig zog Cosimo d. Ä. de' Medici mit den Bibliotheken in San Marco und der Badia Fiesolana nach. Der Medici-Clan darf auch für sich beanspruchen, der Akademie Platons in ihrer Villa zu Careggi zur Wiedergeburt verholfen zu haben.

Die Leidenschaft für Gedankengut und Praxis der Antike ging so weit, daß selbst Söldnerführer, so des Lateinischen mächtig, in den staubigen Pergamenten die Taktik und

Im Florenz der Renaissance prägte das Licht der Aufklärung die Kunst und die Philosophie. Leon Battista Alberti, der bei der Neugestaltung der Fassade von Santa Maria Novella im Giebel die apollinische Sonne anbrachte (linke Seite), verhalf dem antiken Gedanken zur Wiedergeburt, daß der Mensch das Maß aller Dinge sei. Die ideale Inkarnation eines solchen Menschen schuf Michelangelo mit seinem »David« (unten).

Was ist Renaissance?

Den Grundgedanken einer Erneuerung oder Wiedergeburt publizierte zuerst der in Florenz und Rom wirkende Giorgio Vasari (1511–1574); Künstler zwar, aber vielleicht noch geschätzter als Vater der europäischen Kunstgeschichte. Sein Werk über die berühmtesten Baumeister und Künstler von Cimabue bis zu seiner Zeit erschien 1550. Wenn er von »rinovare« (erneuern), von »rinascere« und »rinascità« (Wiedergeburt) sprach, so verstand er darunter die Wiederauferstehung der antiken Bildwelt 1000 Jahre nach ihrem Untergang.
Die Blindheit des dunklen Mittelalters durchbrach das Licht der Aufklärung, die sogenannte Humanisten im vergessenen Schriftum der Antike fanden. Der Mensch wurde neuentdeckt. Wie in den Kunstwerken, beginnend mit dem Quattrocento, befreite er sich aus der steifen schematischen Vereinfachung (wie sie etwa die Mosaiken von Ravenna veranschaulichen) und trat als Person, als eigenständiges (d.h. selbst-stehendes) Individuum hervor.
Wie die Plastiken des Donatello, die für diese geistige wie künstlerische Leistung treffende Beispiele sind. So war der Arbeit am »David« (1430 bis 1435), einer antik anmutenden Bronze, ein Rom-Aufenthalt vorausgegangen. Aber nicht um ein Kopieren der antiken Kunst ging es dabei, sondern um eine kongeniale Geisteshaltung und Wertschätzung der Individualität. In der Malerei liefert uns Botticelli das augenfälligste Beispiel. Bei seinem Gemälde »Geburt der Venus« (um 1486) handelt es sich strenggenommen um die Wiedergeburt der antiken Göttin. Sie tritt der sinnen- und körperfeindlichen »Blindheit« des dunklen Mittelalters als der vollkommene Mensch in leuchtender sinnlicher, aber doch vergeistigter Schönheit entgegen. Der Mensch war wie in der Antike wieder (nahezu) gottgleich. Die »Venus« war eine Bürgertochter der Stadt, die jedermann bewunderte.

Waffengänge der Alten studierten, um so recht nach Cäsarenkunst die Widersacher zu durchbohren. Eigentlich zuviel des »Humanismus«.
Wie konkret der humanistische Geist sich in Erscheinungen der Wirklichkeit verdinglichte, verdeutlichen die anmutig schwingenden Arkaden des Ospedale degli Innocenti (Waisenhaus) an der Piazza della SS. Annunziata, die Filippo Brunelleschi 1439 baute. Dieser bewunderte Baukomplex der Frührenaissance ist das Ergebnis von Feldstudien des jungen Filippo in den Trümmern der »Kuhweide«, wie man damals das überwucherte Forum Romanum zu Rom treffend nannte. Bei den Vermessungen von Architekturelementen und Ornamenten ging ihm der Freund Donatello zur Hand. Übrigens wurden die Florentiner von den argwöhnischen Anwohnern als »Schatzgräber« verdächtigt.

Beständigkeit und Weitsicht

Beide suchten Immaterielles, doch in ihren Augen höchste Güter: Wollte Filippo Brunelleschi die alte »gute Architektur ans Licht bringen«, so bemühte sich der Bildhauer Donatello, die »Schönheit der Alten« wiederzufinden, und, wie Vasari ihm bescheinigt, hat »kein Künstler ihn hierin übertroffen«.

Wer sich von Santa Maria Novella über den schönen Platz, den der Marmor der Kirchenfassade erleuchtet, in Richtung Dom treiben läßt, kann auf Grund eines minimalen Irrtums im Gassengewirr und Marktgewimmel auf San Lorenzo stoßen, und somit auf ein Beispiel des für die Renaissance typischen unermüdlichen Genies: Michelangelo empfing den Auftrag für den Bau der Neuen Sakristei von San Lorenzo 1520, die Skulpturen erhielten ihren Platz auf den Sarkophagen erst nach 26 Jahren. Zugegeben, er war inzwischen auch mit anderen Aufgaben betraut, wie mit dem Bau von Verteidigungsanlagen der Stadt. Und 1529 belagerten kaiserliche und päpstliche Heere Florenz… Hier ist nicht die Stelle, die Schönheit und Neuartigkeit der Grabfiguren zu preisen. Aber daß das Unvollendete in manchen Fällen ein vollkommeneres Kunstwerk sein kann als das fertig ausgearbeitete Opus, demonstriert hier Michelangelo an zwei Figuren, »Der Abend« und »Der Tag«.

Der unermüdliche Giorgio Vasari, Maler, Baumeister und Erfinder der Künstlerbiographie, erkannte das Phänomen und hielt den Gedanken in seinem Buch fest – eigentlich ein Gedanke der Romantik. Beide, Schöpfer und Interpret, waren weit ihrer Zeit voraus. Genie bedingt Weitsicht.

Der neue Geist wurde zunächst in kleinen Gesprächsrunden und Vortragszirkeln, die sich Akademien nannten, gepflegt. So ist für die »Inkubationszeit« der Florentiner Renaissance bezeichnend, daß sich ab 1389 Intellektuelle und Künstler im Garten der Patrizierfamilie Alberti trafen, um über die Vereinbarkeit antiker und christlicher Thesen zu diskutieren.

Von ihnen ließen sich Denker, Dichter, Staatsmänner und Künstler inspirieren zu neuen Gedanken, Formen, Werken, die das Leben und die Lebenswelt verändern, verschönern, dynamisieren sollten.

Die Medici waren aus dem Stand der Wechsler zu Fürsten des Stadtstaates aufgestiegen.
Linke Seite: Kuppel der Fürstenkapelle (Grundstein 1605) in San Lorenzo, mit der die Medici ihrer Dynastie ein prachtvolles Denkmal setzten.
Unten: Reiterstandbild Cosimos I. auf der Piazza della Signoria.

»Kultur ist Reichtum an Problemen«, sagt der Geschichtsphilosoph Egon Friedell. Sein rigider Kulturbegriff trifft auf keine Epoche so offensichtlich zu wie auf die Florentiner Renaissance. »Denn wonach wir bei ihrer Bewertung fragen«, meint Friedell in bezug auf die Höhe einer Kultur allgemein, »das ist die Intensität ihres geistigen Stoffwechsels, ihr Vorrat an lebendigen Energien.« Kultur ist also Reichtum an Problemlösungen.

Hochbrisanten Sprengstoff barg dieses Energiepaket namens Florenz. Was war die Treibkraft? Worin bestand das Ziel?

Jacob Burckhardt, der beste Kenner der Kultur der Antike wie der Renaissance, schrieb, der kleine Staat sei dazu da, daß es auf Erden einen Ort gebe, wo der größtmögliche Teil der Bevölkerung aus Bürgern im wahrsten Sinne des Wortes bestehe. Er hatte die griechische Polis im Sinn, aber die Amerikanerin Mary McCarthy zieht in ihrem Florenz-Essay den verblüffenden, doch überzeugenden Schluß, Burckhardt habe genausogut das hochentwickelte Bürgertum der Stadtrepublik Florenz meinen können.

Diese freien Republikaner, die sich viel auf ihre Abstammung von römischen Siedlern und Militärs zugute hielten, entwickelten alle erdenklichen Fähigkeiten, um ihr Gemeinwesen und sich selbst in jeder Weise zu verwirklichen.

Dazu mußte Geld her. Haufen von Geld. Also erfanden sie für sich neu den Fernhandel, zunächst mit Wolle und Tuchen, dann mit Luxusgütern aus dem Orient, eigentlich mit allem, was Geld brachte. Sie erfanden

den hemmungslosen Frühkapitalismus. Sie erfanden ihre eigene Weltwährung, den Goldflorin, das bargeldlose Zahlungsmittel, den Wechsel. Könige standen bei ihnen in der Kreide.

Geld und Macht

Wo viel Geld zu holen ist, werden die Mächtigen aufmerksam. Die Florentiner gerieten wie das Korn zwischen die Mahlsteine, die mal vom Kaiser und seinen Parteigängern, den Ghibellinen, mal vom Papst und seinen Anhängern, den Guelfen, mal von irgendwelchen auswärtigen Potentaten bewegt wurden. Damit nicht genug. Die Mahlsteine der Machtsysteme begannen auch innerhalb der Stadtmauern zu mahlen. Adel und Zünfte, die großen Familien und die kleinen Leute »rieben« sich aneinander. Die Stadt zerbrach in Interessenblöcke. Die Zünfte, einst das wertvollste Potential beim Kampf um die Autonomie der Stadt, rivalisierten im Kampf um die Herrschaft.

Es ist schon ein merkwürdiger Anblick, die Abordnungen der Zünfte bei den häufigen Stadtfesten in mittelalterlichen Trachten mit ihren Wappenschildern vor dem Palazzo Vecchio aufmarschieren zu sehen. Sie treten auf wie Sendboten der Geschichte, die noch immer ihr Recht auf die Stadtherrschaft einzufordern haben. Ihre Trommeln dröhnen furchterregend – wäre der Auftritt nicht einfach festlich gemeint.

Die Zünfte (»arti«) formierten sich im 12. Jahrhundert als Vertreter der gewerbetreibenden Bürgerschaft,

die gegenüber dem adeligen Patriziat für eigene Rechte eintrat. Schließlich waren sie es, die das Geld in die Stadt brachten.

Die Calimala, die Vereinigung der Kaufherren, die auch im Finanzgeschäft offensiv wurden, trat als erste Zunft hervor. »Zunft«, das mag heute biedermännisch klingen. Aber schon die Bandbreite der Aktivitäten und der weite Aktionsradius zwischen Orient und Okzident verdeutlichen, daß sich die Zunftherren mit ihrer geschäftlichen Expansion zu Kosmopoliten herangebildet hatten. Sechs weitere »höhere« Zünfte, von den Wolltuchhändlern bis zu Ärzten und Notaren, spalteten sich von der Calimala bis zum Ende des Jahrhunderts ab. Wenig später bildeten sich die »unteren« Zünfte der Handwerker. Nun spiegelte das System von 21 Verbänden die soziologische Struktur der Einwohnerschaft, vom Großbürgertum zum Mittelstand. Die Betriebe zollten der jeweiligen »Vereinskasse« ihren Tribut. Nach dem Finanzaufkommen wurde das politische Gewicht einer Zunft bemessen.

Mit dem Ausschluß des Adels aus der Stadtpolitik schwangen sich die Zünfte schon 1293 zur Alleinherrschaft auf, die durch Rätegremien einen demokratischen Zug erhielt. Aus ihren Schatztruhen bezahlten sie Gemeindeaufgaben, sie finanzierten den Dombau, förderten durch Stiftungen Kirchen und Klöster, »sponserten« Kunstwerke. Regierten auf breiter Basis den Stadtstaat.

»Hier treibt ein ganzes Volk das, was in Fürstenstaaten die Sache einer Familie ist«, schreibt Jacob Burckhardt mit Recht für die Ära des Hochmittelalters. »Der wunderbare florentinische Geist, scharf räsonierend und künstlerisch zugleich, gestaltet den politischen und sozialen Zustand unaufhörlich um und beschreibt und richtet ihn ebenso unaufhörlich. So wurde Florenz die Heimat der politischen Doktrinen und Theorien, der Experimente und Sprünge [...].«

Heute wissen wir, daß für den Bürger selbst solche Umbruchzeiten bei allen Hochleistungen wenig erklecklich sind. Und den Nachteil der Zünfte sehen wir in der sozialen wie politischen Kontrolle, die jeden Bürger erfaßte. Wer kein Zunftmitglied war, konnte gewisse Berufe nicht ausüben, geschweige denn in ein öffentliches Amt gewählt werden.

Das traf auch auf Künstler zu. So waren Donatello und Cellini bei den Goldschmieden eingeschrieben. Dante Alighieri, der eine politische Karriere anstrebte, gehörte als Adeliger der höheren Zunft der Ärzte und Apotheker an, war indes keines von beidem.

Die sich so demokratisch gebärdende Republik war in Wirklichkeit eine Oligarchie, eine Herrschaft der Reichen. Denn die Einkommensschwachen, wie Kleingewerbetreibende und Arbeiter, blieben außen vor. Soziale Spannungen waren vorprogrammiert. Als die 30 000 Wollarbeiter, die Ciompi, sich 1378 das Recht auf eine Zunft, in diesem Fall als Arbeitnehmervertretung, erkämpfen wollen, wird ihr Aufstand niedergeschlagen.

Ghibellinen und Guelfen

Die großen Familien rivalisierten im Kampf um die Vorherrschaft. Bündnisse mit den höchsten Autoritäten der Welt konnten nur von Vorteil sein. Und so kämpfen innerhalb der Mauern Ghibellinen gegen Guelfen. Dann teilen sich die Guelfen in »schwarze« und »weiße«, und der Kampf beginnt untereinander aufs neue. Schlachten, Fehden, Bruderzwiste, Meuchelmorde. Durch die Gassen rast der blutige Wahnsinn. Den Verlierern wird das Turmhaus eingerissen, sie werden ausgeplündert und enteignet, wer noch lebt, wird verbannt. Dante, als »weißer« Guelfe eine Art Bürgermeister, wird ins Exil getrieben, zum Tode verurteilt, begnadigt, aber verbannt für immer. Verzweifelt stirbt der große Sohn der Stadt in der Fremde.

Typisch für Florentiner untereinander, sagen die Florentiner. Dante belegte sie mit den wenig schmeichelnden Eigenschaften »geizig, neidisch und stolz«. Dazu sollte sich heute nur ein Florentiner äußern. Doch sie sehen sich selbst durchaus kritisch. Ein viel zitiertes Beispiel aus der Tagesaktualität, das drei Florentiner tangiert: Als gegen den Ministerpräsidenten Lamberto Dini der Vorwurf erhoben wurde, er habe einen gewissen Kino-Mogul bei der Vergabe von Fernsehrechten begünstigt, reagierte der für seine Schlagfertigkeit und Wahrheitsliebe geschätzte Journalist Indro Montanelli gereizt: Das könne nicht stimmen. Denn noch nie habe ein Florentiner einem anderen geholfen. – Und der Vorwurf der Begünstigung war so gut wie vom Tisch.

Und doch vollbrachten die Florentiner Kulturleistungen ohnegleichen. Papst Bonifazius VIII. (1294–1303) prägte rund hundert Jahre vor der Wiedergeburt das Wort vom »fünften Element«. Es gebe Erde, Luft, Feuer, Wasser und eben Florentiner. Die Schöpferkraft des »florentinischen Elements« war in der Tat ge-

Unzweifelhaft ist der kantige Palazzo Vecchio der sichtbarste Ausdruck der kämpferischen Volksrepublik Florenz, die realiter nur kurz bestand, als Utopie indes unsterblich war. Das siegreiche Medici-Fürstentum überdauerte drei Jahrhunderte.
Linke Seite: Insignien über dem Eingang des Palazzo Vecchio.
Unten: Marmorstatue des Orpheus im Atrium des Palazzo Medici-Riccardi (15. Jh.), den Michelozzo baute.

waltig, die alle Lebensbereiche der Stadtrepublik gestaltete. Dieser Gestaltungswille, diese Manie, auch das Unmöglichste zu erdenken, es realisieren zu wollen und Titanenwerke zu schaffen – darin offenbart sich letztlich der Florentiner Geist. Er lehnt sich gegen jede Hierarchie auf, sei es Kaiser, Papst oder die Routine der Macht, des Gesetzes, oder selbst die Schwerkraft (wie Brunelleschi mit seiner Domkuppel bewies). Gab es noch Tabus?

Aufgestiegen aus dem Stand der Kaufleute und Geldwechsler, gewannen die Medici Ende des 14. Jahrhunderts großen Einfluß als Bankiers der Päpste. Seit 1429, als Cosimo d. Ä. die Macht übernahm, beherrschte die Dynastie die Stadtrepublik und später den Territorialstaat Toskana, den sie zusammenschmiedete, rund drei Jahrhunderte. Das geschah im Wechselspiel der Gegenkräfte, und nicht selten drohte der Abgrund.

So überlebt 1478 Lorenzo der Prächtige einen Mordanschlag der reichsten Florentiner Bankiersfamilie Pazzi, die eine Revolution auslösen wollte, nur durch Glück. Im Komplott mit Papst Sixtus IV., einem Nepoten des Sixtus, und dem Pisaner Erzbischof hatten die Pazzi einen wahrhaft perfiden Plan ersonnen. Als der Fürst mit seinem Bruder Giuliano im Dom vor dem Altar kniete, die Hostie zu empfangen, stachen Killer in Mönchskutten auf sie ein. Giuliano erlag seinen Wunden, Lorenzo entkam. Die anschließende Vernichtung der Pazzi-Familie festigte nur die Position der Medici-Dynastie. Allerdings wurde Alessandro, ihr erstes Mitglied mit dem Titel Herzog, ein Tyrann, von seinem eigenen Vetter ermordet. Warum, weiß man nicht recht.

Die Mediceer übten mit kurzen Unterbrechungen praktisch die Alleinherrschaft bis 1737 aus. Da verlöschte das Haus mit Gian Gastone, Großherzog von Toskana, der kinderlos starb. Ihre beiden ranghöchsten Angehörigen waren zwei Renaissance-Päpste: Leo X. (1475–1521) und Clemens VIII. (1523–1534). Sodann entstammten dem Geschlecht zwei Königinnen von Frankreich: Katharina (1519 bis 1589), Gattin des Heinrich von Valois, und Maria de' Medici (reg. 1600 bis 1610) als zweite Frau des populären Henri Quatre.

Wir mögen heute nicht mehr darauf vertrauen, daß sich Geschichte nach einer festen Logik zu einem bestimmten Ziel entwickelt. Doch wenn die Medici nur deshalb drei Jahrhunderte lang regiert haben, um all die Kunstschätze zu akkumulieren, die Florenz so einzigartig machen, so kann man aus heutiger Sicht sagen, es gab weit weniger akzeptable Dynastien. Die Letzte des Hauses, Anna Maria Ludovica (1667 bis 1743), Schwester und Erbin des Gian Gastone, ließ sämtliche Kunstschätze der Familie aus Rom und den toskanischen Residenzen in Florenz vereinen und vermachte sie dem Staat unter der Bedingung, sie dürften die Stadt nie verlassen.

Was an Florenz begeistert, ist die Duplizität der Zeiten: Gegenwart und die vielen Epochen der Vergangenheiten stehen nebeneinander. Ja, sie durchdringen sich, reiben sich aneinander. An Beispielen herrscht kein Mangel: Ein Festzug in Renaissance-Kostümen mit Pferdegetrappel und Fahnenschwenken bringt das Goldene Zeitalter nicht zurück in die Stadt – er ist nicht mehr als eine folkloristische Aktivität. Ein reizvolles Fotomotiv allemal. Und doch: Die Gesichter, die Profile – erinnern sie nicht an die porträthaften Fresken in Santa Maria del Carmine? Junge Gesichter, doch mehr als 500 Jahre alt.

Durchdringen von Vergangenheit und Gegenwart

Wo die Neuzeit sich wahrhaft unangenehm aufdrängt: das sind die »motorini«, die noch durch einige Altstadtstraßen brettern dürfen – zum Greuel der Umweltschützer wie der gewöhnlichen Passanten. Zumal nur wenige Meter entfernt vom Baptisterium, das für Brunelleschi noch aus Römerzeit stammte. Aber der Marmor ist nicht in Ehren ergraut, sondern vom Smog geschwärzt. Es ist ein Jammer, daß die Florentiner der Gegenwart noch nicht ganz auf den Autoverkehr verzichten können und wollen (genausowenig wie die Einwohner anderer Metropolen).

Zu später Stunde strömen die Menschen über den Ponte Vecchio, als wollten sie wie eine Flut die mittelalterlichen Goldschmiedehäuschen von der Brücke schwemmen. Ist der Goldrausch ausgebrochen? Keineswegs. Denn es sind nicht gerade Kaufwütige, die das Geschiebe verursachen, sondern sympathische Müßiggänger, die das fremdartige Ambiente, das unstete silbrige Licht über dem Arno und das Stadt-Land-Fluß-Panorama genießen. Nicht zuletzt das menschliche Miteinander.

Merkwürdigerweise verschwindet der bedrückende Aspekt der neu-

Über sechs Millionen Touristen im Jahr. Wann sind da die Florentiner unter sich? Wo bleibt das eigentliche Leben? Die Florentiner haben sich längst an das Nebeneinander mit den zahlenden Gästen gewöhnt – oder sie ignorieren sie einfach. Und selbst die Touristen finden, so sie suchen, ein wenig Muße. Allein oder miteinander.

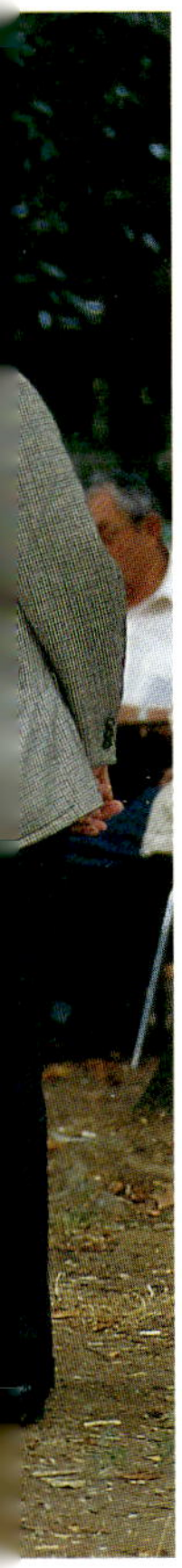

GiLLi

Vorbild für die Literatur

Das Florentinische, respektive das Toskanische, gilt als das beste Italienisch. Um von diesem Reichtum zu profitieren, zog Alessandro Manzoni von Mailand nach Florenz, als er einen großen Roman zu schreiben begann. »Per lavare il mio panni in Arno«, wie er sagte, um also sein sprachliches Gewand im Arno zu waschen. Der Roman »Die Verlobten« (1825) wurde berühmt als ein Werk der Weltliteratur.
Die in Florenz gesprochene Sprache wurde zum Vorbild für die Literatur, und sie wurde auch verbindlich für das vereinheitlichte »Hochitalienisch«. Die Florentiner zeichnen sich durch einen umfangreichen Wortschatz aus, eine klare Syntax, durch Intelligenz, Phantasie, Redegewandtheit und Witz. Prominentester Protagonist ist der Filmschauspieler Roberto Benigni, der als Dauerredner selbst mit nichtigen Themen das Publikum begeistert. Und sie sind stolz darauf, schimpfen zu können wie sonst niemand in der Welt. Daß sie den Sprachmeistern Dante oder Boccaccio verpflichtet sein sollten, sehen sie nicht. Es würde sich auch wenig mit ihrem Selbstbewußtsein vertragen.
Die Florentiner erkennt man an ihrer eigenartigen Aussprache, indem sie beispielsweise das eigentlich hartgesprochene »K« wie in »casa« (Haus) oder »amica« (Freundin) mit einem Hauchlaut aussprechen.

zeitlichen Zivilisation vollständig, blickt man von einem der Hügel auf die Stadt. Zum Beispiel vom Bellosguardo: Das ist das Florenz der alten Zeit.
Vergleichen wir unseren Ausblick etwa mit einer Vedute vom Ende des 15. Jahrhunderts – die Entsprechungen verblüffen geradezu. Wenn man von einigen wachstumsbedingten Änderungen wie am Palazzo Pitti (der nun dreimal so breit ist) absieht. Das Florenz innerhalb der Stadtmauern und beiderseits des Arno ist heute noch Florenz schlechthin. Von San Marco im Norden bis hinauf zu San Miniato al Monte im Süden. Der Stadtwande-

rer (der ohnehin sein Vehikel daheim gelassen hat) schöpft Zutrauen, alles das »per pedes apostolorium« zu bewältigen.

Unterhalb der Stadt steigen Fischer in den Arno, werfen ihre Netze aus, ziehen ihre Beute ans Ufer. So zeigt es unsere mittelalterliche Vedute. Und jeder kann sich bei einem Uferspaziergang davon überzeugen, daß der Bergfluß auch heute von Fischen belebt wird. Was auf den Tisch der Restaurants kommt, sind freilich Fänge aus dem Mittelmeer, wohin der Arno in Richtung Abendrot fließt.

Genießen wir noch ein wenig die Aussicht, widmen wir uns dem Gesamtpanorama. Jean-Baptiste Camille Corot hat dieses schmeichelnde Licht besonders geliebt. Man fragt sich unwillkürlich, was Florenz ohne seine Hügel wäre. Die sanften Wellenschwünge folgen ihrem eigenen Gesetz der Harmonie. Doch Florenz behauptet sich in ihnen dank seinem bulligen Merkzeichen: der monumentalen Domkuppel. Und ihr Ziegelrot kontrastiert mit dem ins Blau changierenden Grün der Höhen. Nicht anders als das Rot unter den Olivenbäumen in den Hügeln der Umgebung, wenn die Mohnblumen erblüht sind. Als Erinnerung an Florentia, die Blumenstadt der Römer.

Fußmüde, aber nicht florenzmüde. Eine Treppenstufe oder die Ufermauer des Arno bieten Ruhemöglichkeiten.

STADTVIERTEL

UND REGIONEN

OLTRARNO: JENSEITS DES ARNO

Seite 72

AUSFLÜGE: IN WEITER FERNE SO NAH

Seite 88

Emilia Romagna
Bologna
N
0
20 km
E45
Forli
Apuanische Alpen
La Spezia
E80
E35
San Marino
Pistoia
Prato
Villa di Castello
Villa della Petraia
Lago di Massaciuccoli
E35
Florenz
Fiesole
Marken
Vallombrosa
Pisa
Arno
E76
Casciano
Impruneta
San Polo
E35
Tavarnelle
Barberino
Greve
Livorno
S. Gimignano
Elsa
Arezzo
Umbrien
Gorgona
Ligurisches Meer
Siena
Toskana
E80
Ombrone
Lago Trasimeno
Capraia
2
Chianciano
Cornia
E78
Orcia
Tyrrhenisches Meer
Piombino
Elba
Ombrone
Grosseto
E80
Lago di Burano
Latium
Giglio
Giannutri
Deutschland
Slowakei
Schweiz
Österreich
Ungarn
Frankreich
Slowenien
Kroatien
Florenz
Toskana
Serbien
Bosnien-Herzegowina
Korsika
Italien
Adriatisches Meer
Montenegro
Balearen
Albanien
Sardinien
Tyrrhenisches Meer
Mittelmeer
Ionisches Meer
Sizilien

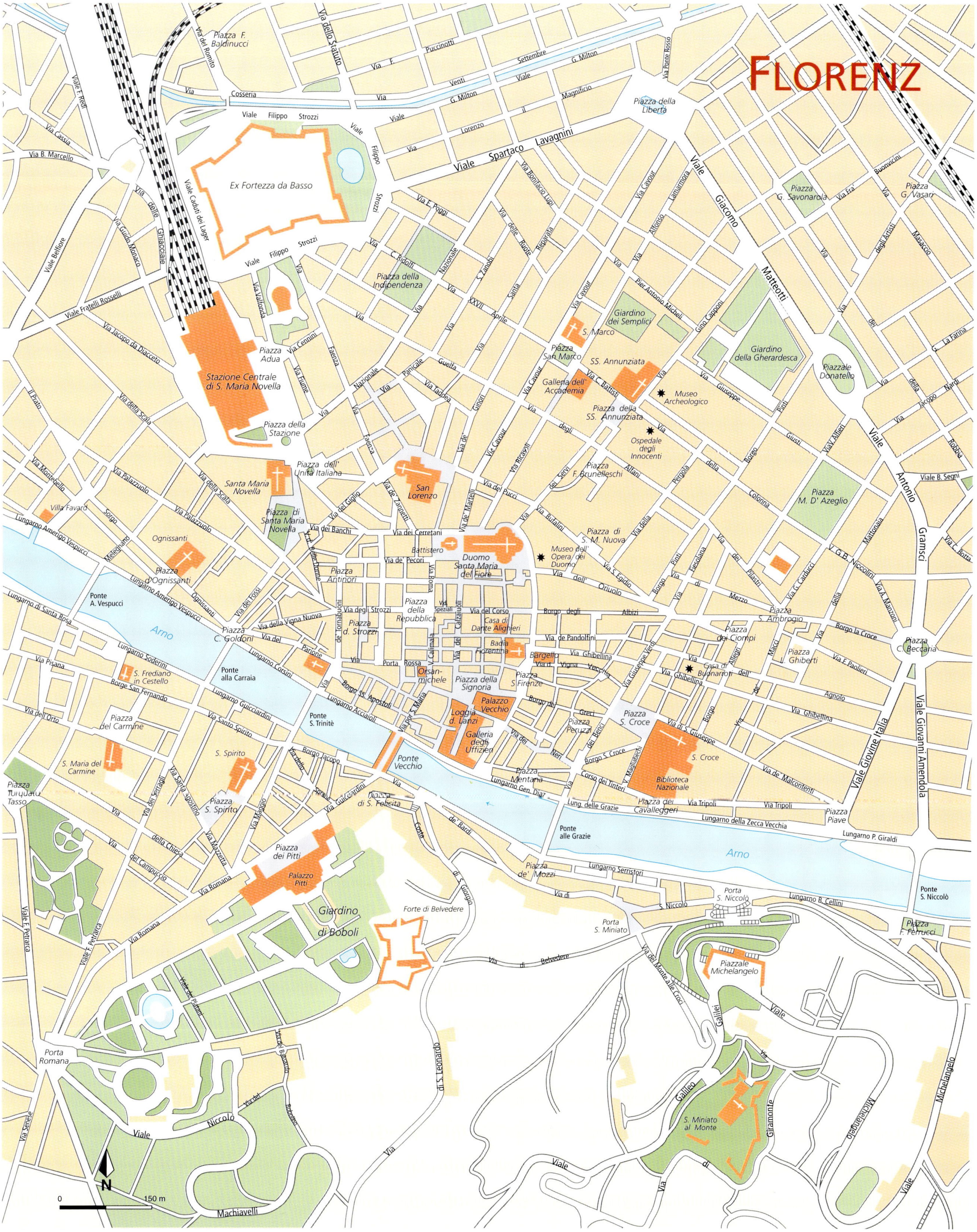
FLORENZ
Ex Fortezza da Basso
Stazione Centrale di S. Maria Novella
Piazza della Stazione
Piazza Adua
Piazza F. Baldinucci
Piazza della Libertà
Piazza della Indipendenza
Viale Filippo Strozzi
Viale Spartaco Lavagnini
Viale Giacomo Matteotti
Viale Antonio Gramsci
Viale Giovanni Amendola
Viale Giovine Italia
Piazza G. Savonarola
Piazza G. Vasari
Piazzale Donatello
Giardino della Gherardesca
Giardino dei Semplici
S. Marco
Piazza San Marco
Galleria dell' Accademia
SS. Annunziata
Piazza della SS. Annunziata
Museo Archeologico
Ospedale degli Innocenti
Piazza F. Brunelleschi
Piazza M. D' Azeglio
Piazza di S. M. Nuova
Museo dell' Opera del Duomo
Duomo Santa Maria del Fiore
Battistero
San Lorenzo
Piazza dell' Unità Italiana
Santa Maria Novella
Piazza di Santa Maria Novella
Villa Favard
Ognissanti
Piazza d'Ognissanti
Piazza Antinori
Piazza della Repubblica
Piazza d. Strozzi
Casa di Dante Alighieri
Badia Fiorentina
Bargello
Orsanmichele
Piazza della Signoria
Palazzo Vecchio
Loggia d. Lanzi
Galleria degli Uffizien
Piazza S. Firenze
Piazza S. Ambrogio
Piazza dei Ciompi
Casa di Buonarroti
Piazza Ghiberti
Piazza C. Beccaria
Piazza S. Croce
S. Croce
Biblioteca Nazionale
Piazza Peruzzi
Piazza Mentana
Piazza dei Cavalleggeri
Piazza Piave
Piazza C. Goldoni
Ponte A. Vespucci
Ponte alla Carraia
Ponte S. Trinità
Ponte Vecchio
Ponte alle Grazie
Ponte S. Niccolò
Arno
S. Frediano in Cestello
Piazza del Carmine
S. Maria del Carmine
S. Spirito
Piazza S. Spirito
Piazza di S. Felicita
Piazza dei Pitti
Palazzo Pitti
Giardino di Boboli
Forte di Belvedere
Piazza de' Mozzi
Porta S. Miniato
Porta S. Niccolò
Piazzale Michelangelo
S. Miniato al Monte
Piazza F. Ferrucci
Piazza Torquato Tasso
Porta Romana
Viale Niccolò Machiavelli
Viale Galileo
Viale Michelangelo
Lungarno Amerigo Vespucci
Lungarno Corsini
Lungarno Acciaioli
Lungarno Soderini
Lungarno Guicciardini
Lungarno Gen. Diaz
Lungarno della Zecca Vecchia
Lungarno Serristori
Lungarno B. Cellini
Lungarno P. Giraldi
0
150 m
N

Altstadt im Quadrat

Das Grundmuster der Altstadt von Florenz gaben die Abmessungen und die Rasterstruktur der römischen Kolonie vor, die in Cäsars Ära den quadratischen Grundriß eines Castrum erhielt. Im Stadtplan ist diese antike Planimetrie noch deutlich zu erkennen. Die wesentlichen historischen Bauwerke und Kunstsammlungen – von der Kathedrale bis zum Palazzo Vecchio, den Uffizien und dem Bargello – befinden sich in diesem Geviert.

Imposant: die legendäre Herkulesstatue auf der Piazza della Signorina, vor den Uffizien.

Der großzügige Makrokosmos der Lilienstadt birgt eine Reihe von Biotopen, die, vom Dom gesehen, eng miteinander verschachtelt sind. Das Grundraster stammt noch aus dem Mittelalter.

Giottos Campanile wird immer nur wegen seiner Schönheit und Grazie gelobt. Weitere Vorzüge mag ein jeder auf seine Weise entdecken. Etwa: Man genießt von seiner Höhe eine herrliche Aussicht.

So wunderbar kann nur die »Pforte zum Paradies« sein. So Michelangelo beim Anblick von Lorenzo Ghibertis Renaissanceportal zum Baptisterium.

Florenz in nuce

Der Rundgang kreuz und quer durch das ehemals römische Karree präsentiert Florenz wie in einer Nußschale. Die herausragenden Ziele sind der Dom mit dem Domplatz, Orsanmichele, der Palazzo Vecchio mit der Piazza della Signoria, die Uffizien, der Bargello und das Dante-Viertel. Man starte am Vormittag, weil die Straßen noch frisch und die Menschen unternehmungslustig sind.

Wo Dante getauft wurde

Noch sind die Geschäfte und Cafés relativ leer. Das Morgenlicht fällt schräg in die Gassen und Plätze, verleiht ihnen durch den Schleier des »sfumato«, des obligaten Toskaner Dunstes, einen mysteriösen Zauber. Wem gebührt der Vorrang, dem Dom oder dem Baptisterium? War der achteckige Rundbau dieser Taufkirche einst ein römischer Marstempel? Bis hoch ins Mittelalter haben honorige Bürger das geglaubt. Doch das geheimnisvolle Baptisterium, dem Stadtpatron Johannes dem Täufer 1128 geweiht, wurde über den Fundamenten einer älteren, wohl »erst« um 1059 gegründeten Kirche erbaut. An dieser Stelle soll indes die Residenz des römischen Regenten gestanden haben. Im Battistero San Giovanni empfingen viele Generationen Florentiner Jungen und Mädchen die Taufe. Auch der kleine Durante Alighieri, Nachfahre eines Kreuzritters, Sohn eines Rechtsgelehrten, der als Dante Italiens Nationaldichter wurde. Geboren 1265, starb er 1321 im Exil als »weißer« Guelfe, der sich gegen Eingriffe des Papstes in die Stadtstaaten eingesetzt hatte, ohne daß seine Hoffnung in Erfüllung gegangen wäre, Florenz, »die Stiefmutter voll wenig Liebe«, würde in der Taufkirche sein graues Haupt mit dem Dichterlorbeer krönen.

Das Baptisterium sollte halbwegs menschenleer sein, wenn man es aufsucht, weil größere Scharen das mystische Raumerlebnis beeinträchtigen würden. Ein bißchen Wartezeit vertreibt man sich in Betrachtung der so orientalisch anmutenden Fassade mit geometrischem Dekor aus weißem und dunkelgrünem Marmor. Doch das Äußere besitzt auch eine Sehenswürdigkeit erster Güte, und bezeichnenderweise drängen sich Menschen aus aller Welt vor ihr, der goldstrahlenden Paradiespforte (1452) von Lorenzo Ghiberti. Der Name stammt von Michelangelo: »porta di paradiso«.

Die zehn Reliefs (Bronze, vergoldet) der Pforte erzählen anschaulich Begebenheiten aus dem Alten Testament. Ghibertis Raumtiefe, plastische Figurenmodellierung und Szenenregie ist hier bereits völlig der Renaissance verpflichtet.

Derselbe Künstler macht uns ihren eklatanten Fortschritt gegenüber der Gotik an einem einzigen Portal augenfällig: Denn sein erstes, älteres Tor (1403–1424) schmückte er zunächst noch mit Flachreliefs in gotisch-linearen Formen und Figuren, um zusehends den Übergang aus der rituellen Starre in die bewegte Szene der Renaissance zu finden.

Mit »Jesus unter den Schriftgelehrten« erreichte Ghiberti das hehre Ziel.
Über dem Gesims der Paradiespforte erheben sich drei Skulpturen von

Andrea Sansovino: Christus, die Taufe durch Johannes den Täufer empfangend, und ein Engel.
Der Innenraum besticht durch eine ungeahnte Weite und durch die Vielzahl an Dekorationen. Die Stimmung unterliegt dem Einfluß der gewaltigen byzantinischen Mosaiken, die griechische Meister aus Venedig, aber auch Florentiner geschaffen haben. Der acht Meter hohe, würdig belebte »Christus als Weltenrichter« wurde Andrea Tafi aus Florenz zugeschrieben. Die Kolossalkomposition ist atemberaubend. Zwei Plastiken sind hervorzuheben: die heilige Magdalena und das Grabmal Johannes' XXIII.

Linke Seite: Ein prägendes Monument der Stadtsilhouette – die Domkuppel von Filippo Brunelleschi – wurde erst nach 14 Jahren Bauzeit vollendet. Diese Seite: Reliefs am Campanile.

Der viertgrösste Dom der Welt

Santa Maria del Fiore, 1296 von Arnolfo di Cambio begonnen, geweiht 1436, ist die viertgrößte Kirche des Abendlandes (nach den Kathedralen von Rom, Mailand und London). Es klingt ungeheuer selbstbewußt, wenn es in dem Auftrag der Signoria heißt, die Republik Florenz wünsche ein Bauwerk, »so prächtig, groß und schön, daß es alle ähnlichen Gebäude übertreffe, die von Griechen und Römern zur Zeit ihrer größten Macht geschaffen wurden«. Aus den Zeilen spricht der Wunsch zur Übergröße, wenngleich wohl Überzeitlichkeit gemeint war. Und so kann der Dom erstaunliche Maße vorweisen: Er ist 153 Meter lang, im Querschiff 90 Meter breit und mit der Laterne auf der Kuppel 116 Meter hoch. Die Domkuppel, die Filippo Brunelleschi nach 14 Jahren Bauzeit vollendete, ist so gewaltig, daß sie die Stadtsilhouette prägt. Die Domfassaden, Westfassade im 19. Jahrhundert rekonstruiert, bestechen durch das geometrische Dekor aus farbigem Marmor. Den ranken, schlanken Campanile, von Giotto 1336 begonnen und von Francesco Talenti 1360 vollendet, schmücken Marmorinkrustationen, die regelrecht elegant wirken. Von seiner Aussichtsterrasse genießt man einen überwältigenden Ausblick auf den Dom und den Domplatz, die Stadt und das Umland.

Das Domschiff nimmt den Besucher mit seiner ungeheuren Raumfülle gefangen, macht ihn zum Winzling. Erste Assoziation: »Raumschiff«. Statt »Domschiff«. 20000 Gläubige finden hier Aufnahme. – Die Kathedrale als phantastischer Klangkörper eines brausenden Lobgesanges zu Gott.
Trotz der gewaltigen Dimensionen überwiegt der Eindruck der Schlichtheit. Sie scheint dem kühlen Realismus der Florentiner angemessen bis auf den heutigen Tag. Das Kuppelfresko, das »Jüngste Gericht« von Giorgio Vasari und Federico Zuccari, beeindruckt vor allem wegen der gewaltigen Maße. In den Seitenschiffen kommen im Kerzenschein allmählich auch die Kunstwerke der Altäre zur Geltung. Indes gehört aus

der Sicht der Kunsthistoriker das gemalte, aber dreidimensional wirkende Reiterstandbild des Söldnerführers John Hawkwood (1436) zu den wichtigsten Werken. Paolo Uccello läßt Hawkwood mit Hilfe der neuen

Perspektivtechnik optisch auf der Wand davontraben. Während Andrea Castagno daneben das Grabmal für den (vorausreitenden) Condottiere Niccolò da Tolentino (1456) noch konventionell flach freskierte. Dante, rot gewandet und lorbeergekrönt, tritt uns auf dem berühmten Fresko (1465) des Domenico di Michelino mit seiner »göttlichen Komödie« entgegen, flankiert vom Fegefeuer, vom Paradies und von Florenz – das ihn verstoßen hatte.

Aus dem Dunkel in das blendende Licht des Domplatzes tretend, sollte man stärker den Pferdedroschken Beachtung schenken. Nicht selten sind sie mit beängstigender Rasanz zur Stelle, um Reisende zur Rundfahrt zu animieren. (Über den Preis sollte man sich am besten schon vor der Abfahrt einigen.)

Irgendwie erinnern die funkenstiebenden Hufeisen auf dem Pflaster an das Volksfest Scoppio del Carro. Da wird am Ostersonntag ein turmhoher geschmückter Karren, bestückt mit Feuerwerkskörpern, zum sprühenden, knallenden, zischenden Brandopfer. Eine »Taube«, die vom Domaltar (am Draht) herbeischwebt, löst die Zündung aus. Mit ein bißchen Glück kracht es sofort! Dann gibt es eine gute Ernte, sagen die Florentiner (die ja echte Großstädter sind), aber da spricht wohl das toskanische Blut aus ihnen, das stets auch bäuerliche Spurenelemente aufweist.

Der Domplatz ist eng, man mußte dem gewaltigen Bau durch Abrisse Raum schaffen. Die frühchristliche Vorgängerin, die Basilika Santa Reparata, war ja viel bescheidener. Ihre Relikte kann man unter dem Boden der Kathedrale besichtigen. Das Dom-Museum mit Statuen der alten Fassade und Objekten des Domschatzes befindet sich hinter dem Chor. Michelangelos »Pietà« und Donatellos Sängerkanzel gehören zu den Attraktionen. Von der Figurensammlung geht eine merkwürdige Weihe aus.

Der Dom wird von einigen bemerkenswerten historischen Häusern umringt: Palazzo Strozzi di Mantova (um 1600, Ecke Via dell'Oriuolo) mit besonders schönen Fenstern, Palazzo dei Canonici (Ecke Via Dello Stu-

Der Gesamteindruck des gewaltigen Domes sollte den Blick fürs Detail nicht verdecken. Links: Steinmetzarbeit an der Laterne auf Brunelleschis Kuppel. Rechte Seite: Reliefs an der Domfassade (oben) und am Portal (unten).

dio), mit Büsten der Dombaumeister Cambio und Brunelleschi geschmückt, der Erzbischöfliche Palast (gegründet im 13. Jh., mehrfach umgestaltet) mit der Kirche San Salvatore al Vescovo an der Rückfront, die elegante Loggia del Bigallo (um 1558, Ecke Via Calzaiuoli), in die Findelkinder gelegt wurden, damit sie von der Bruderschaft aufgezogen wurden. Am Platz gibt es Eisdielen, Straßencafés, Restaurants und Geschäfte sowie einen der raren Zeitungskioske.

Ein Flaneur sollte keine Hemmungen haben, sich dem Mainstream der Passanten anzuvertrauen. So gelangt er über die Via Calzaiuoli vom Domplatz zur Piazza della Signoria. Diesen Hauptplatz der Stadt ziert ihr berühmtestes Kunstwerk: der »David« von Michelangelo (oder Mike Angel auf amerikanisch). – Wenn man bedenkt, wie viele Kaffeetassen, Wandteller, T-Shirts und Poster der nackte Held mit seiner Idealfigur schmückt.

Die Via Calzaiuoli zählt zu den belebtesten Straßen der Stadt. Daß sie zur Fußgängerzone erklärt wurde, war eine weise Entscheidung. An dieser historischen Hauptachse der Altstadt waren seit je Gewerbetreibende angesiedelt. Zunächst die Käsekrämer und Tuchhändler, im 14. bis 16. Jahrhundert dann die Hersteller und Händler der strumpfartigen Beinkleider, der »calze«, daher der Name der Straße. Daß man heute hier viele Textilgeschäfte antrifft, wie auch das Kaufhaus »Coin«, ist wohl einer Laune des Zufalls zuzuschreiben.

Ein Blick in die zweite Querstraße links: Der sichtbar werdende Point de vue ist ein Triumphbogen (Neo-Renaissance) an der Piazza della Repubblica, einem angenehmen urbanen (Ruhe-)Platz mit Cafés (donnerstags üppiger Blumenmarkt), wo einst das römische Forum lag.

Orsanmichele

Das Mittelalter war die große Zeit der Zünfte. Sie ergriffen gerne Gelegenheiten, ihr Ansehen, ihre Macht wie ihren Kunst- und Gemeinsinn unter Beweis zu

Die Wölbung der Domkuppel ist atemberaubend. Was besagen schon Zahlen? Durchmesser 42 Meter, Höhe 36 Meter von ihrer Basis in 53 Metern über dem Boden bis zum Scheitel. Zum Bau benötigte Brunelleschi 14 Jahre. Die Fresken schuf u. a. Giorgio Vasari.

stellen. Für die Fassade von Orsanmichele (Ecke Via Orsanmichele), einem merkwürdigen Mehrzweckbau aus Palast, Getreidespeicher und Kirche, stifteten sie ihre Schutzpatrone als Nischenfiguren: Diese Skulpturen sind heute repräsentativ für die Florentiner Bildhauerkunst des 14. bis 16. Jahrhunderts. Im Innern befindet sich ein Meisterwerk der Florentiner Gotik: die wundertätige Madonna der Gnaden, die der Giotto-Schüler Bernardo Daddi 1348 malte, für die Andrea Orcagna das wunderschöne Tabernakel schuf. Draußen auf den Stufen sitzen junge Burschen und Mädchen, schlecken Eis und hören fetzige Transistormusik: Alltag zwischen Kunst, Frömmigkeit und Rock.

Ein Abstecher durch die Querstraße Via Orsanmichele führt zum Palazzo dell'Arte Lana (Palast der Woll- bzw. Tuchhändler). Das wie ein Adelssitz zinnenbekrönte Gebäude, errichtet im 14. Jahrhundert, vermittelt eine Ahnung von der Macht und dem Reichtum dieser Zunft, die einem Drittel der Einwohnerschaft Arbeit gab.

Vis-à-vis die offene Halle der Kaufleute, der Mercato Nuovo (1555). Die Loggia ist sozusagen ein mit Leben gefülltes Monument des lokalen Merkantilismus. Und zwar Tag für Tag: Wenn nun auch statt Gold-

Links und rechte Seite: Feine Linien, delikat abgestimmte Inkrustationen – der Campanile (14. Jh.) gilt als der schönste Italiens.

geschmeide Modeschmuck und statt Seide Souvenire über den Ladentisch gehen. Wer dem bronzenen Eber über den Rüssel streicht und eine Münze in den Brunnen wirft… »va bene«: dieselbe Mär wie an der Fontana di Trevi in Rom. Nach der Wildsau nennt man den wuseligen Markt liebevoll Mercato del Porcellino (Schweinchen).

Piazza della Signoria: Festplatz zu jeder Tageszeit

Der Alltag der Stadtherrlichkeit erfaßt den Besucher auf der Piazza della Signoria. Die Signoria war ursprünglich das höchste Machtorgan der Stadtrepublik. Der herrliche Platz und der alte Regierungspalast gehören zu den Hauptattraktionen der Stadt. Mag die Seele im Dombezirk beheimatet sein, ihr vitales Herz schlägt in diesem Bereich. Dieses Herz charakterisiert sich durch Kämpfertum, Selbstbewußtsein und die Liebe zum Schönen, zu Festen und Festlichkeiten. Aber auch zum Spiel bis hin zur Burleske, wie es im folkloristischen Ball-Match Calzio in Costumi sich ausleben darf.

Der Palast ist eine zinnengekrönte Burg, die vom 13. bis zum 16. Jahrhundert ständig ausgebaut wurde nach der Devise: außen mächtig, innen prächtig. Der schlanke Wehrturm stößt in den Himmel wie eine Lanze. Schon der Innenhof mit Verrocchios kesser Brunnenfigur »Putto mit Fisch« und die Wandmalereien machen neugierig auf die prächtig ausgemalten Sitzungssäle.

Der »Saal der Fünfhundert« mit den Vasari-Fresken gehört zu den wahrhaft sehenswerten, wenngleich sich die Lilienstadt auf dem Felde der Ehre gar zu tüchtig feiern läßt. Das Studiolo des Großherzogs Francesco I. dürfte der merkwürdigste Raum sein. Er wirkt wie das prunkvoll ausgestattete Innere einer bewohnbaren Schatztruhe. Ganz und gar nicht wie das Arbeitszimmer eines Tyrannen, der doch nicht nur »kunstverständig« regierte.

Der Palazzo Vecchio lieferte im Prinzip das Grundmodul zu allen Stadtpalästen. Auch der Skulpturenschmuck des von Palazzi und Repräsentationsbauten umgebenen Platzes offenbart wesentliches über das historische Florenz: Er zeigt Kämpfer, Räuber, Sieger. Schönheitskönig ist Michelangelos »David«. Ein Mutmacher, denn Florenz hatte sich gegen manchen Goliath zu behaupten. Daneben Bacchio Bandinellis athletischer »Herkules«, der Cacus in die Knie zwingt wie die Medici ihre geschwächten Gegner. Wie man sich eines Tyrannen entledigt, führt indes Donatellos »Judith« vor. Und Ammanatis kolossaler »Neptun« (den Michelangelo verachtete) blickt grimmig über den Platz wie über das weite Meer. Er sollte Florenz als Seemacht verkörpern (was es nie war). »Biancone«,

weißer Riese, wird er genannt, und er soll nachts Passanten erschrecken … Auf Grund seiner Vierschrötigkeit gelingt ihm das auch bei Tag. Ziviler unter all den Nackten und deswegen merkwürdig bedrohlicher wirkt das bronzene Reiterstandbild Cosimos I., das siegesgewiß über der Menge den Platz überquert. Er war nämlich nicht in Legenden und Mythen ein Sieger, sondern der Bahnbrecher der Medici-Dynastie in der Realität.

Festplatz, Paradeplatz, Richtplatz. Bei einem gutgeölten Machtapparat greift ein Rädchen immer ins andere. Der Dominikaner Girolamo Savonarola (1452 bis 1498) rief das Volk zur Einkehr auf und wetterte gegen die sittenlosen Mediceer. Das Volk strömte in immer größeren Massen zusammen. Und schließlich sucht der Medici-Clan sein Heil in der Fremde. Vier Jahre lang führte der scharfzüngige Prediger das Regiment im Zeichen Buße. Auf der Piazza della Signoria führte er das berüchtigte Schauspiel der »Verbrennung der Eitelkeiten« auf (das so teuflische Nachahmer fand). Es loderte ein hochgetürmter Scheiterhaufen auf, in dessen Flammen Schmuck, Gewänder, Perücken und Spiegel geschleudert wurden, aber auch Schriften und Bücher und selbst Hunderte von Gemälden. Die Sünder, auch die Künstler, mußten zusehen. Savonarolas Angriffe gegen den Papst wurden mit der Exkommunizierung geahndet. Als indes der fromme Ketzer weiter sein Unwesen trieb, verlangte der Heilige Vater Taten. Verstimmungen mit Rom schadet den Geschäften, dachten die großen Familien. So sorgten sie dafür, daß man den Mönch verurteilte und hängte. Der Leichnam wurde auf der Piazza auf dem Scheiterhaufen eingeäschert (eine Tafel markiert die Stelle). Auch dieses Spektakel gehörte zum Jahrmarkt der Eitelkeiten, den der Dominikaner geißelte und den die Medici nach einer Karenzzeit von 14 Jahren wieder eröffneten.

Im Angesicht der Venus

Der für seinen Esprit geschätzte Mailänder Schriftsteller Giorgio Manganelli notierte wohl nach einer stressigen Besichtigung: »Die Uffizien sind noch einmal Florenz innerhalb von Florenz; ein verlockendes, bestürzendes, magisches Netz.« Seine Begründung würde viel Zeit und Raum beanspruchen. Jemand hat errechnet, daß dem Besucher der Uffizien bei x Kunstwerken pro Exponat nur xy Minuten zur Verfügung stünden, wenn man dort die stattliche Anzahl von xyz Stunden verbrächte. Dieser positivistischen Kalkulation ist mit einer einfachen Erfahrung zu begegnen: Alles schafft keiner. Konkret umfaßt die Galerie 45 Räume und weitläufige Korridore; selbst wenn man nur 1000 Meisterwerke veranschlagt, ist man allein schon nach einem aufmerksamen Defilee für den Tag völlig erledigt. Erster Geheimtip: Man verschaffe sich bei dem ersten Besuch nur einen Überblick. Zweiter Geheimtip: Bei weiteren Visiten gehe man direkt seine Ziele an. Masaccio, Fra Angelico, Piero della Francesca, Leonardo da Vinci, Raffael…

Zum Beispiel Sandro Botticellis »Die Geburt der Venus« und »Der Frühling« (in Saal 10–14). Kunsthistorisches beiseite gelassen: Wer kennt die ganze Geschichte dieser schönen Florentinerin, die uns auf beiden Gemälden entgegenkommt? Als Göttin der Liebe. Und als Göttin Flora, die heidnische Stadtpatronin. Simonetta Vespucci soll sie geheißen haben, früh verstorben soll sie sein. Wahrscheinlich gehörte sie zu jener Familie, die zu ihren Nachfahren den Geographen Amerigo Vespucci zählt, den Namensgeber der Neuen Welt. Nie, so scheint es, wurde ein »Modell« mit größerer Verehrung, ja Andacht gemalt wie Simonetta. Warum sie so bewundert wird? Das mag mit der aktuellen Mode des Schönheitskultes zusammenhängen. Es sei aber die Bemerkung gestattet: Keine Mode überdauert 500 Jahre. So alt sind die Bilder. Die Themen fußen auf Dichtungen des Florentiners Agnolo Poliziano, eines Verehrers der antiken Poeten, der das Vertrauen des Lorenzo il Magnifico besaß. Beide Gemälde wurden von Lorenzo di Pierfrancesco, einem Vetter des Fürsten, in Auftrag gegeben. Die beiden Mediceer waren Neuplatoniker, nach deren Lehre sich die Vereinigung des Menschen mit dem Göttlichen durch die Liebe vollzieht. Uns sagt das wenig. Es sei denn, sie vollziehe sich durch die Liebe zu diesen Bildern. Hatte Sandro Botticelli bei einem solchen Gedanken einen Frevel empfunden? Er, der in seinen Gemälden wie kein zweiter den Mediceern zu schmeicheln verstand, schloß sich dem düsteren, sinnenfeindlichen Savonarola an. Wie kam es zu dieser Umkehr? Aus Schmerz über einen Verlust? Aus Liebeskummer? Manganelli bezweifelt, daß Botticellis »Venus« lieben kann oder will. Allein der Maler wußte das.

Dritter Geheimtip: Spät am Nachmittag in die Uffizien gehen, dann ist die Schlange weit kürzer, und die (meisten) Busgruppen sind längst an einem anderen Ziel. (Geöffnet täglich 9–19 Uhr.)

Eine Tür bleibt stets verschlossen: Dahinter verbirgt sich der öffentliche geheime Korridor des Francesco I. Durch ihn konnte er ungese-

Zwei Werke aus dem »Freilichtmuseum« Loggia dei Lanzi. Giambolognas turbulenter »Raub der Sabinerinnen« (linke Seite) stellt bereits eine Orgie des Manierismus dar, gemessen an der edlen antiken Frauenstatue (unten).

hen über die Menge hinweg in seinen Palazzo Pitti eilen, sicher vor den Dolchen der furchtlos lauernden Meuchelmörder. »Firenze come era.« Florenz wie es war.

Hinter dem Palazzo Vecchio werden die Gassen eng. Dort befand sich das römische Theater. Nichts blieb übrig. Aber römischer Geist mag uns im Bargello, der Stadtburg des Podestà (seit 1261), entgegenwehen. Denn wie die Römer ihre Weihefiguren in einer Halle vereinten, um sich dort ihrer Bestimmung neu zu versichern, so machen es die Florentiner in ihrem Bargello. Jedes Objekt, jede Figur hat ihre Geschichte, verquickt mit der Geschichte der Stadt. Ein Beispiel unter all den Kämpfern und Helden: der »Brutus« von Michelangelo. Der republikanisch gesonnene Auftraggeber, Kardinal Ridolfi, wollte einen Tyrannenmörder geehrt sehen. Bei dem Dargestellten handelt es sich um den jungen Lorenzino, der 1537 Alessandro de' Medici erdolchte. Daß das Opfer sein Vetter war, hat die Familie ihm verziehen. Denn Alessandro war nicht nur grausam, er hat auch Familiengut verschleudert. Da hält man zusammen.

Die Stadtburg, heute Nationalmuseum, diente auch als Staatsgefängnis. Die Richtstätte befand sich in dem mit Wappen geschmückten Ritterhof. Das Totenglöcklein schlug vom Turm. Zum prachtvollen Herrschen, wie es die Staatsgemächer vor Augen führen, gehörten stets das Recht und der Tod. Nachfolger Alessandros wurde der 18jährige Cosimo I. Unter den Umständen ein Glücksgriff. Cellini hat ihn mit einer sehr bemerkenswerten Bronzebüste porträtiert. Wenigstens ein weiteres Werk verdient besondere Wertschätzung: Donatellos knabenhafter

Zwei Bauwerke, die den innersten Kern der Lilienstadt markieren: Der Palazzo Vecchio mit seinem Wachturm als burgartige Kommandozentrale der Stadtrepublik wie der Medici und, ab 1581, die Uffizien (rechts) als fürstlicher Verwaltungstrakt mit Galerie, heute eines der bedeutendsten Museen der Welt.

Der Bargello, die mittelalterliche Burg des Stadtoberhauptes, birgt heute das Nationalmuseum mit einer großartigen Skulpturen- und Kunstgewerbesammlung. Diese Seite: Büste des Niccolò da Uzzano von Donatello (oben), dem wichtigsten Florentiner Bildhauer neben Michelangelo, und eine Büste aus der Werkstatt des Luca della Robbia (unten). Rechte Seite: Blick in die Loggia des Burghofes.

bronzener »David« (zwischen 1433 und 1443). Er ist die erste freistehende Aktfigur seit der Antike.

»In ihren Augen trägt die Herrin Amor«

Von der Piazza S. Firenze, dem hellen Platz vor der Burg des Podestà, sind es nur wenige Schritte zur Badia. Der spitze sechseckige Glockenturm ist ihr Wahrzeichen. Der stimmungsvolle Kreuzgang dieser 978 gegründeten Zisterzienserabtei verdient einen Besuch. Bemerkenswert ist von den Kunstschätzen Filippo Lippis »Vision des San Bernardo« mit dem »Milchwunder«, durch das die Madonna aus dem eigenen Busen den geschwächten Heiligen stärkt. Boccaccio las hier im öffentlichen Auftrag aus Dantes »Göttlicher Komödie«.

Durch die enge Via del Proconsolo geht es ins Dante-Viertel, das mit Turmhäusern, Palästen und Kirchen durchsetzt ist. In der nach dem Dichter benannten Straße steht sein rekonstruiertes Geburtshaus, die Casa Dante, mit Memorabilia und Schriften. Dante Alighieri (1265 bis 1321) wuchs hier auf, wurde wohl zunächst von Franziskanern in Santa Croce unterrichtet. Als Neunjähriger erblickte er zum ersten Mal die achtjährige Beatrice Portinari in der Kirche. Sie ist ein Adelsfräulein, Tochter aus der benachbarten Via del Corso. Die Geschichte ist bekannt: Beatrice wurde von ihrer Familie verehelicht. Sie starb 1290. Und Dante verfaßt im lyrischen Roman »Vita Nova« eine Huldigung der Geliebten und der entsagenden idealen Liebe. Sein »Süßer neuer Stil« bildet die Brücke zwischen den Troubadours und den Dichtern des Humanismus. Die schicksalhafte Begegnung mit Beatrice fand in Santa Margherita de' Cerchi statt, die Dante-Kirche genannt wird.

Die Via del Corso gehört zu den vornehmsten Einkaufsstraßen. Ihren Namen erhielt sie von den Reiterwettkämpfen, die junge Kavaliere hier auf ihren Berberpferden austrugen.

Durch die Via del Proconsolo erreichen wir den Domplatz und erblicken zuerst die vielgestaltige Chorseite von Santa Maria del Fiore.

Augenreize beim Schaufensterbummel durch die belebten Straßen: Florenz ist seit alters eine Stadt der Lebenskunst und des Luxus, der Mode, des meisterhaften Handwerks, der schönen Schnäppchen und der Souvenirs.

Abendliche Farbsymphonien umspielen den Ponte Vecchio, die Brücke der Goldschmiede und der Juweliere.

Den Arno entlang

Lebensader und Schicksalsstrom: Im Bewußtsein der Florentiner war der Arno immer mehr als ein Fluß. In guten Zeiten versorgte der grüngewandete Geselle aus dem Apennin die Menschen in Stadt und Tal mit Wasser für alle Bedürfnisse. Als geduldiger Lastenträger beförderte er die lebenswichtigcn Güter und Baustoffe zur Stadt, wie er die hier produzierten Waren zum Meer transportierte. Dem Ufer folgend, teilen die Fremden mit den Bürgern die Bewunderung für diesen Fluß. Doch zu Zeiten, die niemand prophezeien kann, wälzt der ungezähmte Wildling vom Gebirge mit apokalyptischer Gewalt Unheil über die Stadt.

Wie Schwalbennester kleben die Schmuckläden an der Fassade des 1170 anstelle einer römischen Brücke erbauten Ponte Vecchio. Romantische Kulisse für Verliebte.

Invicta

Daß sich im umweltgeschädigten Arno keine Fische mehr tummeln sollen, hält der Angler für ein Gerücht. Gewappnet mit viel Geduld, tritt er täglich zum Gegenbeweis an.

Stadt-landschaft am Fluss

Städten an Flüssen kommt ein besonderer Reiz zu. Denn einmal kontrastieren sie die steinerne Statik des »Häusermeers« mit dem Moment der Mobilität. Zum zweiten weiten sie das innere Stadtbild, so daß sich immer wieder vorteilhafte Ansichten aus der Distanz ergeben, ja Panoramablicke, in denen Fluß und die grandiose Stadt zusammenklingen. Zum dritten gewähren sie kleine Attraktionen der stilleren Art, die vor allem Neugierige befriedigen. Es tut sich immer etwas am Fluß: Ein Angler, dem Petri Heil widerfährt. Eine Gruppe japanischer Laienmaler, die eifrig den Ponte Trinità in Öl konterfeien. Sportruderer im Wettstreit. Liebespaare, mehr in sich versunken als in den Anblick des Flusses und des Drumherums.

Der Arno ist von wilder Herkunft

Der Arno ist mit 241 Kilometern nach Po und Tiber der drittlängste Fluß Italiens, doch das Hauptgewässer der Toskana. Entspringend im Apennin unterhalb des 1654 Meter hohen Monte Falterona, mündet er bei Pisa ins Mittelmeer. Die Kinderstube des Arno ist die rauhe Bergwildnis an der Ostflanke des Pratomagno. Dieses bis zu 1600 Meter hohe Massiv umfließt er in einer tiefen, nach Süden ausgerichteten U-Kurve. Im oberen Teil herrschen Nadel- und Laubwälder vor. Erst im Valdarno, wenn er sich nach Norden ausrichtet, weitet sich das Tal zur Kulturlandschaft. Bald mehren sich Olivenhaine, Obstplantagen, Rebhänge; auf dem fruchtbaren Talboden gedeihen Gemüse, Getreide, Tabak und Mais.

Es ist zweifellos ein Goldenes Zeitalter, das die freien Künste, die beinahe vergessen waren, wieder zum Licht erhoben hat: Grammatik, Beredsamkeit, Dichtkunst, Malerei, Skulptur und Musik. Und alles das in Florenz.
Marsilio Ficino, Humanist, 1492

Freilich begleiten ihn hier auch die Errungenschaften der Zivilisation, wie die Auto- und Eisenbahn aus Rom. Das Convent di Montecarlo und das Kloster Vallombrosa sind lohnende Ruhepunkte. Von den Städtchen, die der Arno passiert, verdient zumindest das alte Figline Valdarno Erwähnung. Übrigens stammt Petrarca aus dieser der Provence so ähnlichen Landschaft; das Elternhaus des Dichters steht im oberen Teil des Castello von Incisa Valdarno.

Schon vor Florenz schwenkt der Fluß scharf nach Westen, um diese Richtung im wesentlichen konstant zu verfolgen. Sein Drang zum Meer erfährt in der Stadt manchen Widerstand, vielleicht sogar Aufenthalt. Das breite, mit Steinmauern gefaßte Strombett, das an manchen Stellen kleine Grünanlagen begleiten, verlockt zum Verweilen. Und es gibt auch hier viele reizvolle Sehenswürdigkeiten.

Florenz zu beiden Seiten

Am linken Ufer ragt hoch empor das Stadttor San Niccolò, der mächtigste verbliebene Torturm (1324) der Stadt. Er war in den Mauerring von 1333 integriert, der 73 Türme und 15 Tore besaß. Von der Torburg führen Treppenläufe durchs Grün empor: Von oben, von der Piazza Michelangelo, schauen einem bald freundliche, die Aussicht genießende Gesichter entgegen, und die unvermeidlichen Kameras. Klick-klick.

Am Ufer indes gibt es im Baumschatten einen Erfrischungskiosk mit Terrasse, der zur Pause verlockt. Unermüdliche Angler, freundliche Hundehalter, Kindergärtnerinnen mit ihren Schützlingen, Deserteure einer Schulklasse, die irgendwo in den Uffizien stecken mag.

Der kleine Borgo San Niccolò ist ein sehr gemischtes Quartier aller sozialen Schattierungen, doch es überwiegt das Bürgertum. Die finsteren Palazzi dei Mozzi (13. Jh.) an der gleichnamigen Piazza gehörten Schatzmeistern der Päpste, das heißt, die Mozzis repräsentierten eine der mächtigsten Bankiersfamilien der Stadt. Am Ufer versöhnte Papst Gregor X., der bei den Mozzis Wohnung nahm, die Führer der Ghibellinen und Guelfen. Der Frieden war so wenig standhaft wie das Wasser.

Jenseits des Ponte alle Grazie führt der Weg zur Nationalbibliothek an der Piazza dei Cavalleggeri, die einen schönen Blick auf das linke Ufer bietet. Die Bibliothek, die drei Millionen Bücher birgt, zum Teil kostbarste Handschriften und Inkunabeln, mußte nach dem Hochwasser von 1966 herbe Verluste beklagen. Das Sträßchen Magliabechi führt ins verwinkelte Borgo Santa Croce mit der herrlichen Kirche und dem stets lebhaften Platz. Die rechten Uferstraßen mit »Lungarno« im Namen sind wohl nicht vom Autoverkehr befreit, doch auch wiederum nicht so stark befahren, daß man die Aussicht nicht genießen könnte. Beherrscht wird sie von San Miniato al Monte und dem Ponte Vecchio.

Die Uffizien passierend, fällt der Blick in den mit Marktgeschäftigkeit gefüllten Innenhof des U-förmigen Kunsttempels. Die Warteschlange knickt in die Uferstraße und zieht sich halbwegs zum Ponte Vecchio hin. Am Brückenkopf wogt der Fußgängerstrom teils in Richtung Via Calimala mit den eleganten Geschäften, teils auf die alte Brücke, an der die Juwelierlädchen wie Schwalbennester kleben.

Auf dieser einzigartigen Hausbrücke Ponte Vecchio, die von früh bis spät von einer Art Volkstreiben belebt ist: Die Juweliere und Goldschmiede genießen seit 1593 als alleinige Händler das Privileg, hier ihre Waren feilzubieten. Aus dem einfachen Grund: Edelmetalle und Diamanten stinken nicht (ebensowenig wie Geld). Großherzog Ferdinando I. de' Medici hatte Anstoß an den übelkeiterregenden Abfällen der Marktleute und Handwerker genommen, die vordem die Brücke besetzt hielten. Über die Dächlein der Goldschmiede wie über die Köpfe der Passanten hinweg verläuft der »Geheimgang«, den Großherzog Francesco I. de' Medici sich von dem eifrigen Giorgio Vasari als Verbindung zwischen seiner Wohnung und seinem Arbeitsplatz, das heißt zwischen den Palästen Pitti und Vecchio, bauen ließ. So trickste der Tyrann alle prospektiven Attentäter aus. Der Vasari-Korridor ist mit 1000 Meisterwerken der Porträtkunst gespickt – doch wegen Restaurierungsarbeiten leider geschlossen. Die Ausblicke auf die Dreierkombination Stadt–Land–Fluß kann man den Menschen auf der Brücke indes nicht verwehren. Und sie sind ungewöhnlich reizvoll. Beim Passieren der Schaufenster gelingen schnelle Durchblicke durch enge Lädchen in das weite Panorama.

Die Brücke war den Florentinern immer mehr als ein Flußübergang, an sie band sich mancher Aberglaube. In ihrer Mitte stand der Martocus, der Ahn ihres Glücksbringers namens Marzocco. Beim Martocus handelte es sich um die verstümmelte Marsfigur der Römer, die als »Brückenheiliger« in der Mitte des Ponte Vecchio stand. 1333 riß ein verheerendes Hochwasser den »Schutzpatron« samt Brücke in die

Sonnenhungrige Ruderer, ja gelegentlich sogar mutige Schwimmer nutzen den Arno für ihr Freizeitvergnügen. Die Kais mit ihren grünen Oasen laden zu gemächlichen Spaziergängen ein. Immer wieder ergeben sich reizvolle Blicke auf die Ufer, die Stadt und ihre Menschen.

Tiefe, mit allen Charakteristika einer die Stadt ergreifenden Apokalypse. Der »Marzocco« präsentiert als Wappenlöwe den Lilienschild vor dem Palazzo Vecchio.

Flanieren auf dem Lungarno

Fotografien der Hochwasserkatastrophe von 1966 belegen immer zweierlei: die Kirchen mit ihren Marmorfassaden, die von den Schlammfluten umspült sind; schlammüberzogene, zumeist junge Männer und Frauen, die unermüdlich die Schlamm-Massen wegschaufeln. Wenn bei all den zu beklagenden Verlusten die Naturkatastrophe Gutes hinterlassen haben sollte, so ist es die Welle der Solidarität mit der Kunst und der Stadt aus allen möglichen Ländern, die hier zur Tat wurde.

Der Zweite Weltkrieg, die große Menschenkatastrophe dieses Jahrhunderts, hinterließ am Arno ein Desaster wie auch Zeichen der Solidarität. Der Ponte Vecchio, bereits vermint und verkabelt, sollte beim Rückzug der deutschen Wehrmacht ebenso gesprengt werden wie alle anderen fünf Stadtbrücken. Dem Befehlshaber Kesselring gelang es gegen den Widerstand der SS, dieses einzigartige »Weltkulturerbe« zu retten.

Unser Gang führt uns auf dem rechten Ufer flußab. Die stattliche Piazza Ognissanti gibt den Blick frei auf die allen Heiligen geweihte Klosterkirche. Ihre größte Kostbarkeit birgt sie im Refektorium, das man durch den Kreuzgang erreicht: Ghirlandaio schuf ein Fresko mit dem »Abendmahl« (1480), das nach der Art des Künstlers porträthaft aufgefaßte Florentiner an der Tafel vereint. Die Piazza liegt übrigens an dem Lungarno Amerigo Vespucci (1454 bis 1512), Florentiner Weltreisender und Verfasser von Reiseberichten über die Neue Welt, mit dessen Vornamen der Kartograph Waldmüller den ganzen neuentdeckten Kontinent bezeichnete.

Dem altehrwürdigen Borgo Ognissanti schließt sich das Prato-Viertel an, das sich durch eine Anzahl Jugendstilvillen vom mittelalterlichen Florenz so merkwürdig abhebt. Die Eleganz des Fin de siècle will sich

nicht so recht in unsere Vorstellung von der Renaissancestadt fügen. Und doch ging ja auch hier das Leben ständig weiter... Die klassizistische Villa Favard, deren Seitenfront sich der Piazza am Arno darbietet, ist hervorzuheben.

Grün leuchtet der Cascine-Park dem Pflastertreter entgegen. Fotografien von der Jahrhundertwende zeigen sonntäglich herausgeputzte Menschen, die hier promenieren oder den Korso der vornehmen Droschken bewundern. Heute sind die Bräuche der Freizeit weniger uniform. Vor allem heiterer, gelassener, vielfältiger. Der Cascine-Park kommt diesem Freizeitverhalten entgegen mit einer Vielfalt an Gärten und Parkbauten. Zu den Offerten gehören ein Schwimmbad, das Hippodrom und schöne Alleen. Und das Grillenfest führt, so scheint es, alle Familien zum Picknick ins Grüne.

Blick zurück über die Wasser

Wasserspiegelungen der Ufer und Brücken gehören zu den überraschenden Reizen der Lilienstadt. Das grandiose Schauspiel des Sonnenlichts in den vielfältigsten Nuancen, wie es den Tag durchwandert, bis es am Abend zum fulminanten Finale ansetzt, gehört zu den unvergeßlichen Erlebnissen, die diese Stadt bietet. Sobald die Sterne erstrahlen, geschieht vor unseren Augen ein Geheimnis, das niemand so einfühlsam in Worte zu fassen vermag wie ein Dichter. Rainer Maria Rilke wohnte im Borgo San Niccolò und betrachtete das Abendschauspiel von seiner Dachterrasse: »Das große Leisewerden rollt wie ein hoher Strom über Gassen und Plätze hin, drin alles nach kurzem Ringen untergeht, – und endlich ist nur ein Zwiegespräch wach, ein Hin und Wider dämmernder Fragen und dunkler Antworten, ein sich ergänzendes Brausen: der Arno und die Nacht.«

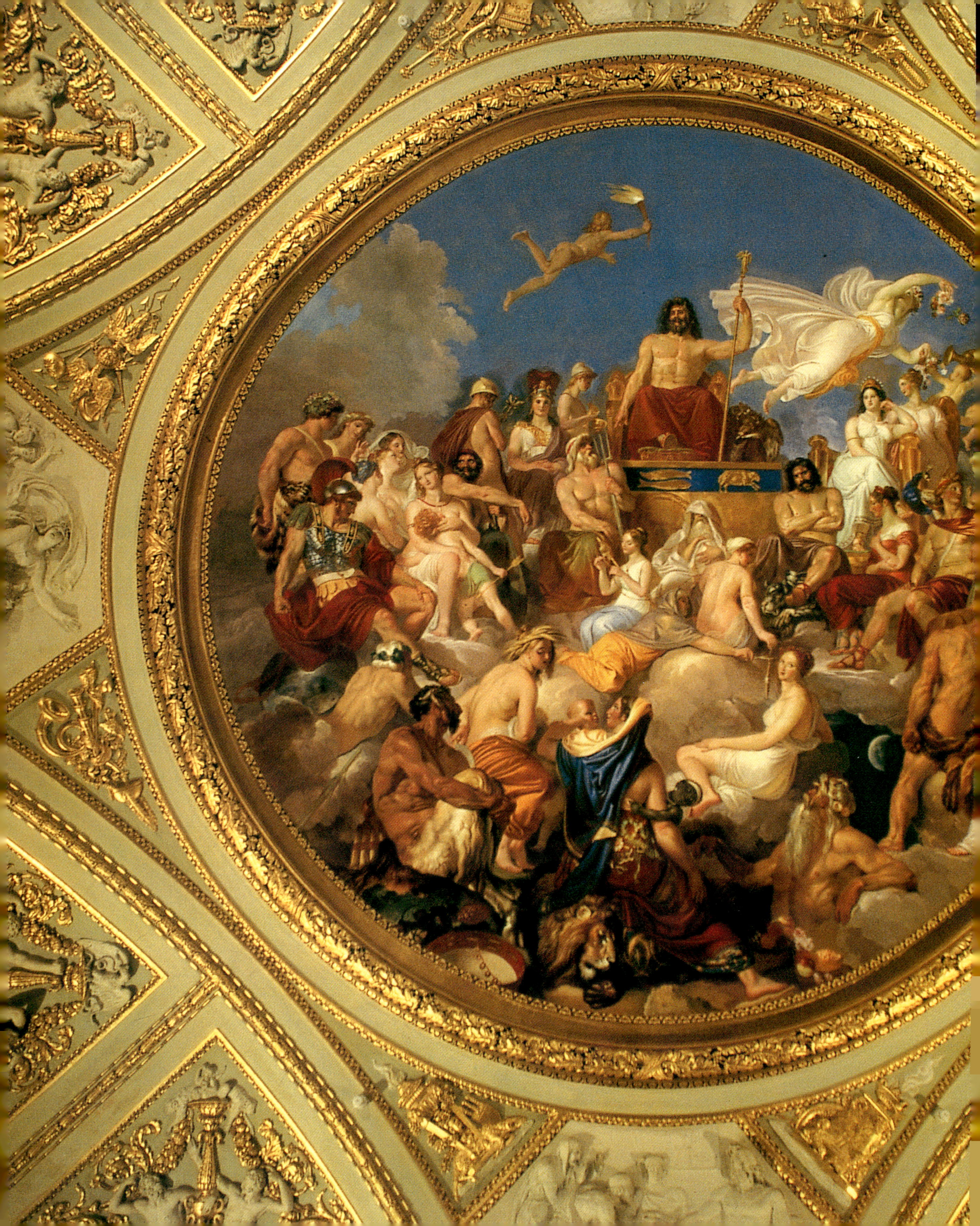

Oltrarno

Palazzo Pitti mit der weltberühmten Galleria Palatina und den großherzoglichen Boboli-Gärten, Kirchen mit Fresken, die zu den bedeutendsten der Renaissance zählen, und kleine vitale Quartiere mit Antiquitätenläden und Werkstätten, das sind die Attraktionen von Oltrarno, jenseits des Arno. Gekrönt wird das von Hügeln gesäumte Ufer von so herrlichen Aussichtspunkten wie der romanischen Kirche San Miniato al Monte, der Fortezza di Belvedere und der Piazza di Bellosguardo, denen Florenz zu Füßen liegt.

Auch Oltrarno, der Stadtteil »jenseits des Arno«, lockt mit Kunst und Palästen: ein Deckengemälde im Palazzo Pitti.

Wie ein Gemälde vom Standpunkt des Jean-Baptiste Camille Corot, der 1834 auf seiner Toskanareise in Florenz Station machte und oberhalb der Boboli-Gärten seine Staffelei aufstellte.

Die Galleria Palatina im Palazzo Pitti birgt rund 600 Gemälde des 15. und 16. Jahrhunderts in 30 Prunksälen.

Jenseits des Arno

Oltrarno ist das jenseitige Ufer des Arno, von der Altstadt aus gesehen. Das langgestreckte Viertel, dessen Zentrum der Palazzo Pitti und die Boboli-Gärten einnehmen, wurde seit alters durch eine gemischte Gesellschaftsstruktur bestimmt, vom Adel über den Gewerbetreibenden bis zum Textilarbeiter. Neben Palästen finden sich Läden der Antiquitätenhändler wie Werkstätten der Kunsthandwerker. Die Plätze und schmalen Straßen sind reizvoll und vom typischen Alltag geprägt, zu dem auch das Marktleben und Straßenrestaurants gehören. Und in diesem »Jenseits« stehen Kirchen mit hochrangigen Kunstwerken.

Oltra«, ein Präfix, bedeutet jenseits, in diesem Fall: des Arno. Die Besiedlung des schmalen Uferstreifens reicht mindestens in die römische Zeit zurück. Die drei mittelalterlichen Gemeinden San Frediano, Santo Spirito und San Niccolò sind längst zu dem Oltrarno-Viertel zusammengewachsen. Es charakterisiert sich durch ein Nebeneinander von Feudal- und Festungsbauten, Palästen, Bürgervillen und Arbeiter-

Hinter dem Palazzo Pitti erstrecken sich die weitläufigen Boboli-Gärten bis hinauf zum Belvedere. Das »Kaffeehaus« im manieristischen Stil bietet eine wundervolle Aussicht.

häusern. Oltrarno ist ein Viertel der Kunstbesichtigungen, des Kunsthandels großer und minderer Kategorie, der kleinen Läden. Aber auch des »königlichen« Medici-Palastes Pitti mit weltberühmten Gemälden und des herrlichsten Parks der Stadt, der Boboli-Gärten. Und von allen Aussichtspunkten auf Florenz ist die Märtyrerkirche San Miniato al Monte der schönste und ehrwürdigste, die Piazzale Michelangelo aber der kurzweiligste »Balkon«.

Mit den Kunstpilgern zum Pitti

Die ansteigende Straße hinter dem Ponte Vecchio führte nach Rom, und vom Palazzo Pitti bis zur Porta Roma heißt sie noch die römische Straße (Via Romana). Den Pitti-Palast mit seiner Frontlänge von 205 Metern kann man nicht verfehlen.

Die Besichtigung von Pitti samt Boboli kann ein eigenes tagesfüllendes Unternehmen sein. Denn der mächtigste Florentiner Renaissancepalast (begonnen 1457) birgt mehrere Museen, von Münzen bis zu Porzellanen, Karossen bis zu Kostümen und bis zur modernen Kunst (19. Jh.). Zudem stehen die Königlichen Gemächer des Viktor Emanuel II., des Einigers Italiens, den Besuchern offen. Man kann es bei einem Durchschreiten der Enfilade belassen.

Das eigentliche Ziel der internationalen Kunstpilgerschaft ist die Galleria Palatina, die Gala-Sammlung der Medici, die Werke des 16. und 17. Jahrhunderts vereint. Reizvoll ist das gewisse Neben- oder Durcheinander von Gemälden unterschiedlichster Qualität, da sie die überladenen Prachträume nur als schmückende Elemente zu füllen hatten, kunsthistorische Aspekte unberücksichtigt blieben. Davon ab-

Oben und rechte Seite: Fürstliche Parks wie die Boboli-Gärten zeichnen sich durch Vielfalt aus. Festräume wie das Amphitheater gehörten dazu, verspielter Figurenschmuck in verwunschenen Grotten, Partikulargärten, Labyrinthe, Spiegelteiche und alte Zypressenalleen.

gesehen, daß manches Hauptwerk von Raffael oder Andrea del Sarto, von Tintoretto oder Murillo, von Tizian oder Rubens recht unterm Wert präsentiert wird – das Überangebot an Bilderreizen ist jedoch ein Sinnenfest. Man sollte aber Fixpunkte suchen, nicht unbedingt vor Raffaels volkstümlicher »Sitzender Madonna mit dem Kind und dem Johannesknaben« an der Türkante im Saturn-Saal, die meist von Andächtigen umlagert ist. Besser bei seiner »Dame mit dem Schleier« im Saal des Jupiter, die ist öfter frei. Faszinierend die Porträts nahezu unbekannter Maler von völlig unbekannten Menschen, die im Florenz zu ihrer Zeit immerhin gut für ein Meisterwerk waren... Gesichter, die uns in der Stadt wieder zu begegnen scheinen.

Boboli – Gärten zum Verlieben

Der Garten am Haus hatte in der Toskana seit je auch die Funktion eines Zimmers, eines Saales im Freien. Dort tafelte man mit Vorliebe, feierte seine großen Feste. Die Boboli-Gärten sind benannt nach dem Vorbesitzer des Hanggeländes, das sich bis zum Forte di Belvedere hochzieht. Die Großherzöge beschäftigten Niccolò Pericoli, genannt Tribolo, einen Michelangelo-Schüler, mit der Anlage, der allerdings 1550 starb. Eine gemalte Lünette von 1599 (im Museum Firenze Com'era) zeigt bereits die Brunnenanlage und das Amphitheater, das den Besucher empfängt. Beobachtet von Dutzenden von Göttinnen und Göttern, schritten die hohen Gäste durch die ständig erweiterten »jardini«, die im 19. Jahrhundert eine imponierende Zypressenallee zu der Porta Roma erhielten. Brunnen und Grotten, Giambolognas »Oceanus« auf dem Isolotto, gespiegelt im See... Partikulargärten, Sonnenwieschen, Boskette und labyrinthische Hecken, Wasser- , Licht- und Schattenspiele, verschwiegene Heckenkammern, wo man sich wiederfand... Ein Gang zur Terrasse der Orangerie verschafft einen freien Überblick, ein Abstecher zum manieristischen Kaffeehaus eine Erfrischung.

Vom Palazzo Pitti begeben wir uns zur Piazza S. Felice mit der an Kunstwerken reichen winzigen Kirche San Felice (gegründet im 11. Jh.).

Wer fürchtet sich vorm Mann in Wachs? Vorsicht. Das Museo Zoologico »La Specola« in der Via Romana 17 präsentiert nach akribischen anatomischen Beobachtungen kunstvoll angefertigte Skulpturen in Wachs, die keinen Zweifel an der Hinfälligkeit des menschlichen Körpers offenlassen. Die Protagonisten schuf höchst schaurig-schön der sizilianische Wachsbildner Gaetano Giulio Zumbo (1656–1701). Der Marquis de Sade bekannte in seiner »Juliette«: »Meine grausame Einbildungskraft erfreute sich an diesem

Gewachsene Viertel sind vergleichbar mit fossilen Gebilden, die immer kostbarer werden. Muschelbrunnen an einer Straßenecke im Quartier Santo Spirito.

Schauspiel [...].« Zumbo ist ein unerbittlicher Ästhet des Todes. Indes diente er in erster Linie der medizinischen Wissenschaft mit seiner Brutalo-Show. (Sonntags geschlossen.)

Im Viertel Santo Spirito

Uns führt rechts ab die ruhige Via Mazzetta in das Viertel Santo Spirito, das bekannt ist für seine Restaurierwerkstätten, Antiquitätenläden und Antiquariate, für kleine Geschäfte, Restaurants und Bars. Die Straße läuft direkt zur Kirche Santo Spirito mit ihrem intimen Vorplatz, dessen Bühne einer modernisierten Goldoni-Aufführung durchaus Pfiff geben könnte. Vormittags duftet das toskanische Land aus den Ständen der Marktleute. Die Klosteranlage (gegründet im 12. Jh.) stand im Ruf eines geschätzten humanistischen Bildungs- und Sozialzentrums. Die Augustiner erneuerten sie im 15. Jahrhundert nach Plänen von Brunelleschi. Der Meister starb im Jahr 1446, vor der Vollendung. Trotz einiger Mängel (die Jacob Burckhardt rügt) besticht der Innenraum von Santo Spirito durchaus im Sinne der Renaissance. Filippo Lippi hinterließ bedeutende Werke, wie ein Madonnenbild, auf dessen Hintergrund das Viertel San Frediano dargestellt ist – unser nächstes Ziel.

Die Via S. Agostino führt zu der anrührenden Klosteranlage Santa Maria del Carmine. Erbaut ab 1268 für die Karmeliter, wurde nach einem Brand der Komplex mit Kirche, Kuppel und Kreuzgang bis 1775 erneuert. Der »ciostro« zählt zu den allerschönsten der Stadt. Doch was Carmine so unvergeßlich macht, sind die kürzlich restaurierten und deshalb leuchtenden Fresken der Brancacci-Kapelle. Masolino da Panicale und Masaccio begannen im frühen 15. Jahrhundert mit der Freskierung,

Das dem Heiligen Geist geweihte Viertel »jenseits des Arno« bietet Orte der Andacht, Besinnlichkeit und Muße.

Filippo Lippi vollendete sie 1482. Die Zyklen erzählen Geschichten vom heiligen Petrus und von der Vertreibung aus dem Paradies. Sie sind wunderbar szenisch aufgebaut und atmen eine tiefempfundene Menschlichkeit. Masaccios Darstellungen von Schmerz und Verlorenheit sind zeitlos und modern. Auf dem Fresko der Wiedererweckung des Sohnes von Theophilus sehen uns im Gewand andächtiger Gläubiger vier der glorreichsten Männer der Renaissance entgegen. Keine Fürsten. Künstler! Masaccio hat sie gestaltet: Masolino, Leon Battista Alberti, Brunelleschi und sich selbst. Das Quartett steht ganz rechts am Rand. Kann man bescheidener, kann man selbstbewußter sein?

Die Stadtmauer

Die Via dell'Orto stößt auf restliche Partien der Stadtmauer, Le Mura genannt. Rechts das guterhaltene Stadttor San Frediano (1333). Savonarola ließ 1494 dieses Westtor kampflos für Karl VIII. von Frankreich öffnen, der einen Feldzug zur Eroberung des Königreichs von Neapel führte. Piero de' Medici wich aus Florenz, womit der Bußprediger sein Ziel erreicht hatte. Zur Erleichterung der Bürgerschaft zog Karl tatsächlich weiter.

Zum Aussichtspunkt Bellosguardo würde uns nun die Via Villani von der Piazza Torquato Tasso hinauf-

Florenz beherbergt die größten Geister: Was immer sie auch unternehmen, sie übertreffen mühelos alle anderen […].
Leonardo Bruni, Humanist, ab 1427 Kanzler von Florenz

führen. Wir indes setzen unseren Gang durchs Viertel fort. Ein zweites Mauerstück verläuft zur Uferstraße, die freie Blicke über den Arno erlaubt.

Die Kirche San Frediano in Cestello bietet das seltene Beispiel eines barocken Innenraums römischer Provenienz (Architektur: Cerutti, um 1680; Kuppelfresko: A. D. Gabbiani). Die Zisterzienserkirche ist Mittelpunkt eines altflorentinischen Milieus, das einst von den Wollarbeitern geprägt war. Das Lamm an der schmalen dunklen Hausfassade war ihr Signum. Nimmt man die Gegenwart, so charakterisiert sich das Viertel eher durch lautstarke Lebensfreude.

Das feudale Ambiente mit abgenutzten Palastfassaden bietet etwa die Via S. Spirito; hier und im Borgo S. Jacopo, dessen Häuser mit den Hinterteilen über den Arno hinauskragen, ist man für Antiquitäten, Restaurierungen, Ausstattungen, Kuriosa und alte Graphik besonders renommiert. Eine Originalradierung aus der Renaissance? »Certo, signore.« Aus jeder »bottega« (Werkstatt, Atelier) dringen Arbeitslärm, Lack- und Firnisdüfte. Wer sich umsehen möchte, ist willkommen. Zum Revier der schönen alten Dinge gehören noch unbedingt die Via Maggio und Via dello Sprone.

Via Belvedere nach Al Monte

Weiter arnoaufwärts: Vom Brückenkopf des Ponte Vecchio aus empfiehlt sich ein Weg über die winzige Piazza di S. Felicità, um auf der teils von Mauern begleiteten Costa di San Giorgio zum Forte di Belvedere (1590) hinaufzusteigen. Galileo Galilei residierte in Haus Nr. 17, das mit Fresken und seinem Medaillon dekoriert ist. Von dem sternförmigen Fort Buontalentis, dem schönsten der Renaissance, belohnen weite Rundblicke über die Stadt und den Umkreis die Wanderer. Doch mehr als die Stadt sollte die Festung den Fürsten im Palazzo Pitti beschirmen.

Auf der Via di Belvedere geht's immer an der Wand lang. Das ist die noch sehr respektable mittelalterliche Stadtmauer. Doch nun belohnen Einblicke in eine kleine Campagna, wie man sie sich so traumhaft schön und intakt und kultiviert in einer Großstadt nicht denken kann.

San Miniato und eine Love-Story

Von der Porta San Miniato steigen wir einen Weg und einen Treppenlauf nach San Miniato al Monte hinauf. San Miniato ist ein Juwel, das von der Festigkeit frühchristlichen Glaubens zeugt. Die Marmorfassade (12. Jh.) leuchtet festlich und weit ins Tal. Das Tabernakel mutet morgenländisch an, kostbar das Pult, die Krypta ist ein Hain aus antiken Säulen. Der heilige Miniatus mußte am Arnoufer sein Leben hingeben. Hier auf dem Berg bildete sein Grab den »nucleus« für eine Gräbergemeinde, die über viele Jahrhunderte wuchs.

Der Friedhof hinter der Kirche ist bestückt mit Grab-Palazzi en miniature. Doch das anrührendste Beispiel für den Glauben an ein vitales Miteinander nach dem Tode bietet ein Paar lebensgroße Vollfiguren ganz in weißem Marmor im Stil der vierziger Jahre unseres Jahrhunderts: der junge Mann in Fliegeruniform, die Gattin im langen Tanzkleid... Hollywood, hier ging dir eine herzergreifende Love-Story verloren. Auf der Terrasse vor der graziösen Hauptfassade – an ihr und an Florenz kann man sich nicht sattsehen... Der Abstieg führt, nach einem Blick zurück auf Michelangelos Wehrturm, zur Piazzale Michelangelo.

Der Abend dämmert malvenfarben, der absolut passende Hintergrund für den Schönheitskönig der Renaissance: »David«, in Gestalt eines Doppelgängers vom Palazzo Vecchio respektive der Accademia. Die Stimmung der Menge – Florentiner wie Reisende aus aller Welt und aller Altersstufen – erreicht ihren Höhepunkt, wenn die Glühwürmchen in der Stadt zu leuchten beginnen und allmählich in den dunkelblauen Hängen auch die Lichter aufgehen wie ein optisches Echo. Und indem die Sonne sinkt, strahlt Florenz immer heller auf...

Der Abgang zur Porta San Niccolò, dem Osttor, dem mächtigsten Turm, kann dann noch warten, denn auf dem »Balkon von Florenz« mag dies die schönste Stunde sein. Und die Taxis warten indessen auch.

Auf der Piazzale Michelangelo wurde dem genialen Bildhauer ein Denkmal gewidmet, zusammengefügt aus Abgüssen des »David« (rechts) und der schlummernden Grabfiguren aus der Neuen Sakristei am Sockel (linke Seite).

Ausflüge

Beim Blick aus dem Arnotal auf die blauen Berge wächst an heißen Tagen der Wunsch nach toskanischer Landluft. Dem Besucher ergeht es da nicht anders als den großherzoglichen Medici, die nach ihrem Aufstieg aus ihren Stadtpalästen drängten und um Florenz einen Kranz von Villen bauten. La Petraia und Castello sind charakteristische Beispiele, die Eindrücke vom höfischen Landleben der Fürstlichkeiten vermitteln. Eine Fahrt ins Chianti-Tal führt durch herrliches Rebenland zu den alten gewachsenen Winzerstädtchen, ihrer Kultur und den regionalen Festen.

Der Logenplatz im Amphitheater von Fiesole bietet den schönsten Fernblick, den man über eine Bühne hinweg genießen kann.

In weiter Ferne so nah

Der erste Ausflug führt nach Fiesole. Denn auf diese Bergstadt über Florenz fällt unser erster Höhenblick: anmutig geschwungene, nahezu blaue Waldhügel mit geheimnisvoll leuchtenden Villen und Kirchen.

Fiesole: Mutter von Florenz

Fiesole, einst eine etruskische Höhenstadt, besitzt den schönsten Blick auf Florenz, der ungebärdigen Tochter. Von Fiesole aus unterhielten die Etrusker eine Niederlassung an der Arnofurt, die zur Keimzelle der Lilienstadt wurde. Die Römer legten dort im Tal ihr Castrum an: Florentia. Sie, die Tochter, hat all das der Mutter nicht gedankt, sondern sie 1125 im Sturm erobert. (Was im Krieg etwas anderes bedeutet als in der Liebe.) Doch Fiesole gewann ihre milde Schönheit, ganz in Grün gebettet, zurück. Die Altertümer der Römer und der Geistlichkeit des Mittelalters trägt die Stadt wie ein Geschmeide. Und beim Sommerfestival strömen Menschen von weit her zu abendlichen Veranstaltungen zusammen, bei denen Florenz als Lichterteppich dient.
In eleganten Schwüngen führt die Serpentine an alten Villen und Gärten mit stattlichen Zypressen vorüber den Nordhang hinauf nach Fiesole, einem Ort mit Aussicht. Und was für einer! Den schönsten Blick auf Florenz, das Arnotal und die fer-

nen Berge genießt man von der Terrasse neben dem Kloster San Francesco mit dem idyllischen Kreuzgang. Dieser Panoramablick aus rund 300 Metern Höhe gehört zu den tiefsten Eindrücken einer Florenzreise. Nicht nur der Romantiker Percy Bysshe Shelley schwärmte für ihn.

Es ist heute kaum vorstellbar, daß das von Grün umkränzte Städtchen Fiesole (14000 Einwohner), das so nach Sommerfrische riecht, einst eine bedeutende, geschäftige Etruskerstadt war. Von ihrer Wehrhaftigkeit zeugt noch eine Quadermauer von zweieinhalb Kilometern Länge. Vermutlich trug sie den Namen Vi(p)sul und wurde im 7. Jahrhundert v. Chr. gegründet. Von der sicheren Höhe beherrschten die Etrusker die Talebene und die Berghänge. Wein, Korn und Oliven, die auf dem fruchtbaren Boden, begünstigt durch das milde Klima, auch heute noch prächtig gedeihen, gehörten zu ihren wichtigen Exportwaren. Bekanntlich waren die Etrusker, wie später die Florentiner, geschickte Händler mit weiten Verbindungen. An ihrer Arnofurt unterhielten sie einen Handelsplatz: Dort bauten die Römer die erste Brücke, den Urahn des Ponte Vecchio.

Im Verlauf des Niedergangs Etruriens wurde die Bergstadt 225 v. Chr. von den Galliern erobert. Diese wiederum mußten den Römern weichen. Dann, im Jahr 217 v. Chr., tauchten gewissermaßen Außerirdische auf: Hannibal schlug hier mit seinem bunten karthagischen Expeditionsheer und den Kriegselefanten sein Lager auf, bevor er zum Kampf um Rom aufbrach. Am Trasimenischen See fügte er den Legionen des Gaius Flaminius in jener Kesselschlacht eine Niederlage zu, die das Imperium erzittern ließ.

Sommerspiele im römischen Theater

Faesulae, wie die Lateiner Fiesole nennen, besaß spätestens 96 v. Chr. römische Stadtrechte. Vom hohen Kulturstand zur Römerzeit kündet das grandiose Amphitheater. Es wurde in der Kaiserzeit so großzügig ausgebaut, daß es 3000 Zuschauern Platz bot. Freigelegt im Jahr 1809, dient es heute als Sommerbühne. Das Festivalprogramm mit Theateraufführungen,

Das hören die Florentiner ungern, daß Fiesole die Mutter ihrer Lilienstadt sei. Und doch gründet die kleine Stadt auf dem Berg in etruskischer Zeit.
Linke Seite oben: Die archäologische Zone von Fiesole.
Unten: Hochzeit vor San Francesco.

Tanz und Konzerten genügt hohen Anforderungen. Besucher versäumen nie, das herrliche Sternenzelt über den nächtlichen Veranstaltungen zu erwähnen. Wer jedoch – tagsüber – lieber »fernsieht«: Auch von diesen Theatersitzen ist die Aussicht über die Gärten in die weite maßvolle Landschaft zauberhaft. An diesem Villenhang siedelte Giovanni Boccaccio die Rahmenhandlung seines »Decamerone« (1353) an und schilderte eine lebensfrohe paradiesische und höchst kultivierte Gegenwelt zu dem Florenz eines höllischen Pestjahres.

Einen weiteren Eindruck von der römischen Lebensart am Ort vermitteln auch die Thermen mit den stattlichen Arkaden, deren ruinöse Badeanlagen im 19. Jahrhundert freigelegt wurden. Ein Gang über das archäologische Grabungsfeld am Fuß des Domes stimmt romantisch, wie immer, wenn Ruinen von einer großen Vergangenheit erzählen, zumal in einer wunderschönen und doch anscheinend unvergänglichen Natur.

Vom römischen Bacchuskult in Faesulae zeugt, merkwürdig genug, noch das Kirchlein San Alessandro da Fiesole mit seinen antiken Säulen und Kapitellen. Der Ostgotenkönig Theoderich der Große (456–526), aus dem Nibelungen-Lied bekannt als der höchst tugendsame Recke Dietrich von Bern, besiegte für immer den weinseligen Bacchus, indem er dessen Tempel in die Märtyrerkirche umwandeln ließ. Den Gott der geheimen orgiastischen Mysterien importierten übrigens die Etrusker aus Hellas. Selbst im Rom der Cäsaren wurde der nicht öffentliche Kultus mit drakonischen Strafen verfolgt.

Noch lange Zeit hielt Fiesole mit der »Tochterstadt« Schritt. Die Langobarden erhoben es sogar zum Bischofssitz. Doch 1125 eroberten die mißgünstigen Florentiner die Stadt, verwüsteten sie, drängten sie ins Abseits. Dennoch entwickelte das selbstbewußte Städtchen ein Eigenleben mit reichem Kulturangebot, eigenem Bürgermeister und Bischof. Übrigens auch mit einer ausgezeichneten Hotellerie und gastronomischen Szene.

Sehenswertes an Kunst und Kirchen

Der Dom San Romolo (11. Jh.) mit dem zinnenbewehrten Turm zählt zu den kostbarsten Bauwerken des Ortes. Von seinen Kunstschätzen sind besonders die beiden Werke von Mino da Fiesole (1430–1484) hervorzuheben, eine »Madonna mit Kind und Heiligen« sowie das Grabmal des Bischofs Salutati. Nach Mino wurde der Domplatz benannt, an dem sich repräsentative Gebäude reihen, wie der Bischofspalast (gegründet im 11. Jh.) und das Priesterseminar (1697), die Kirche Santa Maria Primerana, die auf etruskischen Mauerresten ruht und mit Fresken eines Giotto-Schülers (14. Jh.) geschmückt wurde, sowie der Palazzo Pretorio (14. Jh.) mit anmutiger Loggia. Einen Besuch verdient das Museum Bandini, unter anderem wegen der Sammlungen an Terrakotten, Gemälden, Skulpturen und Möbeln. Der »Triumph der Liebe« des Botticelli-Schülers Jacopo del Sellaio hinterläßt den nachhaltigsten Eindruck. Im Museo Civico, dem Archäologischen Museum, sind zahlreiche Ausgrabungsfunde zu besichtigen.

Festlicher Innenhof der Medici-Villa Petraia.

Wie harmonisch sich antike Erhabenheit mit einer lieblichen Landschaft verquickte, erkannte auch Cosimo Il Vecchio, der sich 1461 in der Nähe des Baumeisters Michelozzo die zauberhafte Villa Medici de Belcanto errichten ließ. Vom Tyrannen Lorenzo dem Prächtigen, selbst Schöngeist und Poet dazu, wird berichtet, er pflegte auf der Terrasse Gespräche mit befreundeten Dichtern und Gelehrten, wie Poliziano und Pico della Mirandola, zu führen.

Den Besuch der Medici-Villa kann man mit einem Spaziergang den Hang hinunter zum Kloster San Domenico di Fiesole verbinden. Wegen des wunderbaren Madonnenbildes (1428) von Fra Angelico, der hier sein Mönchsgelübde ablegte. Rilke schrieb hier ein Gedicht über die Renaissance.

Als ein zweites Ziel empfiehlt sich die Benediktinerabtei Badia Fiesolana (14. Jh.), deren romanische Fassade Inkrustationen in Marmor schmücken. Auch von hier genießt man einen herrlichen Ausblick.

Entfernung von Florenz etwa 16 Kilometer; Buslinie 7 vom Hauptbahnhof Santa Maria Novella.

Die Medici-Villen Petraia und Castello

Die vermögenden Florentiner, zumal die gefürsteten Mediceer, begannen in der Renaissance, Villen in der Provinz zu bauen, die sich von ihren älteren festungsartigen Landsitzen in einem wesentlichen Punkt unterschieden: Sie schlossen die Umwelt nicht aus, sondern bezogen die Natur mit offenen Armen in ihren Lebenskreis ein. Die Natur, das war zunächst der stilvoll angelegte Garten nach höfischem Muster. Bepflanzte Terrassen, Loggien, Spiegelteiche, Marmorbrunnen, heckengefaßte Parterre nach strengem Muster, Boskette mit Laubengängen, Festplätze, Zypressenreihen als natürliche Schutzmauern… Alles das findet man in La Petraia, das Kardinal Ferdinando de' Medici, später Großherzog der Toskana, sich von Bernardo Buontalenti aus einem wehrhaften Schloß gestalten ließ. Der Innenhof erhielt schöne Arkaden, die König Viktor Emanuel II. mit Glaskonstruktionen in Ballsäle verwandeln ließ. Geselligkeiten, Feste, Gesprächsrunden füllten die Sommertage und ein wenig auch die Staatsgeschäfte. Den Park legte Niccolò Tribolo mit geometrischen Formen an, der auch den älteren Teil der Boboli-Gärten entworfen hat. Unter dem Skulpturenschmuck ist Giambolognas Brunnenfigur »Fiorenza« be-

Fährt man von Florenz über die Viale dei Colli (»Straße der Hügel«) nach Süden, so erschließt sich eine herrliche Hügellandschaft, in welcher der rote Chianti-Wein gedeiht.

Die schönste Erfindung der Römer haben die Florentiner mit der Renaissance wiederbelebt: Fern der dunklen Gassen entfalteten die Medici ihren rustikalen, indes verfeinerten Lebensstil im Grünen. Die Villa di Castello mit ihren kunstvollen Gärten (16. Jh.) ist eines der sehenswerten Beispiele.

merkenswert, die Wasser aus ihren Haaren preßt. Die Villa ist an dem nordwestlich von Florenz gelegenen Hügel so situiert, daß vor den Gartenterrassen das Panorama von Florenz und der Flußlandschaft erscheint.

Von Florenz circa sechs Kilometer mit dem Auto Richtung Prato. Die Distanz zur benachbarten Villa di Castello beträgt vier Kilometer weiter in Richtung Prato.

Die Villa Medicea di Castello am Fuß des Monte Morello wurde im Auftrag von Cosimo I. 1530 von Vasari in reinem Renaissancestil umgestaltet. Der axial angelegte Terrassengarten, hinter der Villa emporsteigend, ist ein typisches Werk des Gartenkünstlers Niccolò Tribolo, der auch die Brunnenfiguren Herkules und Antäus schuf. Über einem Fischteich erhebt sich ein Winterriese von Ammanati. Grotten mit Grotesken, Rocaillen und Bündeln von Stalaktiten gehörten zum Parkinventar jener Zeit, die trotz ihres Forscherdrangs die Natur von mystischen Wesen bevölkert wähnte. Die »Bärennische« von Giambologna ist von Tieren bewohnt, die unter dem Schutz eines Eichhörnchens sich des Lebens freuen. Das kluge Tierchen symbolisiert den fürsorglichen Cosimo I., das possierliche Tiervölkchen die Florentiner.

Im Revier des schwarzen Hahns

Roter Toskaner, das ist gleichbedeutend mit Chianti. Zu den Ursprüngen des Traditionsweins führt ein Trip in den Süden. Fährt man von Florenz über die Viale dei Colli (»Straße der Hügel«), so erschließt sich eine herrliche Hügellandschaft, in welcher der rote Chianti-Wein gedeiht.

Aber nicht irgendeiner: Hier entdeckt der Reisende die Region des Florentiner Chiantis, deren Grenzen seit dem 14. Jahrhundert von der Liga der Winzer geschützt werden. Hier liegen die Quellen des Chianti Classico, für dessen Qualität das Siegel mit dem schwarzen Hahn (»gallo nero«) bürgt. Schwerpunkte sind die Winzergemeinden Impruneta, Greve, Barberino Val d'Elsa, S. Casciano Val di Pesa und Tavernelle Val di Pesa. Ihre Bauten und Befestigungen zeugen von alter Geschichte, die im Verbund mit der Weinlandschaft verlief. Aus der Ferne wirken die sanft ondulierenden blauen Höhen wie ein bewegtes Meer. Mit jeder Straßenbiegung ergeben sich neue Ansichten, mal auf einen typisch toskanischen Gutshof, umrahmt von Obstbäumen, Kastanien und Zypressen, mal auf einen Weiler, und immer wieder auf die rundlichen Flanken des Reblands.

Das einheitliche Ambiente Imprunetas, geprägt von einer Reihe historischer Bauten, könnte nicht typischer toskanisch sein. Den Ort, der sich auf Etrusker- und Römerfunde berufen kann, überragt der mittelalterliche Glockenturm von San Marco, die oftmals umgestaltete Kirche Santa Maria (11. Jh.) birgt Werke unter anderem von Michelozzo und Luca della Robbia. Die beiden Kreuzgänge stammen aus dem 12. und 14. Jahrhundert. Die Gemeinde begeht am letzten Sonntag im September ihr traditionelles Winzerfest (»festa dell'uva«), und dann scheint der Ort wie ein zu gut gefülltes Faß zu bersten. Denn es finden sich die Leute aus der ganzen Region ein. Vom Wein leben hier viele, mit dem Wein alle. Übrigens kann man bei der Gelegenheit nicht nur sein Wissen über den Chianti mehren. Man kann, wenn man will, auch seine Vorräte auffrischen. Die Stimmung jedenfalls animiert zu beidem. Ein weiteres Traditionsfest ist um den 18. Oktober der Tag des heiligen Lukas, der mit der Lukas-Messe begonnen wird. Auf dem Markt werden Pferde und Esel feilgeboten. Die

Weine der Toskana

Rot: Unter dem Siegel des schwarzen Hahns (»gallo nero«) wird der kräftige Chianti Classico angeboten, der aus dem geschützten Anbaugebiet zwischen Florenz und Siena stammt. Nach zwei Jahren Lagerung wird er zum »vecchio« erklärt, nach drei Jahren trägt er die Bezeichnung »riserva«.
Dem Chianti vergleichbar ist der Vino Nobile di Montepulciano, »riserva« nach drei, »extra riserva« nach vier Jahren. Der edelste Rote ist Italiens bester: Brunello di Montalcino, »riserva«, fünf Jahre Lagerung, sollte Bedingung sein.
Weiss: Dem frischen goldgelben Sommerwein Vernaccia di San Gimignano wird das »riserva« bereits nach einem Jahr verliehen. Michelangelo soll ihn bevorzugt haben. Als Dessertwein empfiehlt sich ein Glas Vino Santo von nobler Qualität und fast nektarartig etwa der Avignonesi. Zu genießen mit Mandelgebäck (»amaretti«).

Oben und rechte Seite: Die Grenzpfähle des Chianti, des viel besungenen toskanischen Weins, ziert das Wappen des schwarzen Hahns. Die dunklen Trauben spenden jährlich rund eine Million Hektoliter Chianti-Wein.

Fiera di San Luca gehört zur lebendigen Folklore der Toskana. Impruneta und sein Umland ist auch für seine Töpferwaren renommiert, die hier vielerorts angeboten werden.

Von Impruneta fahren wir nach Strada, folgen der Landstraße 222 und erreichen nach circa 18 Kilometern Greve, eine Hochburg des Chianti. Greve ist ein exzellentes Beispiel mittelalterlicher Urbanistik. Zentrum des von Hügeln umfaßten Städtchens ist der weite, dreieckige Marktplatz, der Raum und gleichzeitig Überschaubarkeit bietet. Und Intimität. Denn umfaßt ist diese historische Piazza Mercatale von Laubengängen mit Geschäften und Lokalen, über denen sich Balkone wie eine Galerie von Aussichtspunkten hinziehen. Und vom Bergschloß Montefioralle schaute einst der Padrone dem Volkstreiben zu.

Der Höhepunkt des Jahres ist für Greve die Rassegna del Chianti Classico, die Weinmesse im September (etwa 6.–15.), wenn die Winzer aus dem Umland ihre Kreszenzen auf dem Marktplatz präsentieren. Übrigens wird der Chianti auch in der Erzeugerregion nur noch in Bordeaux-Flaschen angeboten. Tröstlich bestätigt auch hier die Ausnahme die Regel: Die bauchigen strohumflochtenen »fiasci« sind noch nicht gänzlich verschwunden. Sie gehören längst zu den unsterblichen Souvenirs Italiens. Einen schmackhaften Weinbegleiter bietet mit der Fenchelsalami (»finocchiona«) nach alten Rezepten die Fleischerei »Antica Macelleria Falorni« am Ort an. Der Fenchel wächst wild an den Hängen. Von der Naturverbundenheit der Grevenesen zeugen auch das Blumenfest im Mai und im Monat darauf das Fest des Ginsters.

Olivenöl

Das Olivenöl ist ein unverzichtbares Element der Toskaner Küche. Die beste Qualität findet man unter der Nomenklatur »olio extra vergine d'oliva«. Laut EG-Verordnung von 1960 besitzt diese Qualitätsstufe nur einen Säuregehalt bis ein Prozent. Das Öl aus den Regionen Lucca und Massa Carrara ist besonders zart und nicht zu fett, seine Farbe leicht goldgelb.

Vallombrosa

Ein Kloster, gegründet von einem Heiligen vor bald tausend Jahren in stiller Bergeinsamkeit – das ist Vallombrosa, beschirmt von unantastbaren ehrwürdigen Pinien- und Kastanienwäldern. Der Engländer John Milton, der in Florenz die Dichter und den alten Galileo Galilei besuchte, pries Vallombrosa, diesen so weltfernen frommen Ort in seinem Epos »Das verlorene Paradies« (1667), einem Werk der Weltliteratur. Mit dem Ruhm fanden auch die Reisenden den Weg herauf. Aber noch siegt die Schönheit der Kartause wie der Landschaft über den Tourismus. Das Kloster befindet sich in einem 980 Meter hoch gelegenen Tal im Pratomagno-Massiv, einem Ausläufer des Apennin. Gegründet im 11. Jahrhundert, wurde die Anlage in verschiedenen Epochen erweitert, so daß sie Teile der Romanik, der Renaissance und des Barock in sich vereint. Die Kunstschätze und die kostbare Bibliothek des einst reichen Ordens werden noch von den Vallombrosa-Mönchen behütet, die hier ein kulturelles Zentrum eingerichtet haben. Im Sommer verleihen sie einen Literaturpreis.

Neben dem einzigartig idyllischen Ambiente empfiehlt sich ein Besuch auch wegen der klaren Naturschönheit, den faszinierenden Ausblicken und dem frischen Höhenklima, das die heißen Sommer der Niederungen vergessen macht. Saltino, nur wenige Kilometer entfernt, ist die gastronomische Oase der Sommerfrischler, aber auch der Wintersportler, die zum Monte Secchieta (1500 m) auffahren. Es verfügt auch über eine gute Hotellerie.

Gaggiolo alias Iris florentina

Die zarte Iris und nicht irgendein grimmiges Tier schmückt das Florentiner Stadtwappen. Der Marzocco, Donatellos Löwe, präsentiert die Lilie Freund und Feind auf dem Wappenschild vor dem Pallazzo Vecchio. Im Frühling sollte man der Iris die Reverenz in der Natur erweisen. Ein Abstecher über Impruneta führt nach San Polo in Chianti (bei Strada), dem traditionellen Ziehgarten der Iris florentina, der Florentiner Schwertlilie schlechthin. Weithin signalisiert das helle Violett in den Olivenhügeln, daß die Blütezeit angebrochen ist, und die Düfte verleihen dem Land eine paradiesische Note. Die Florentiner haben stets ihren Schönheitssinn mit lukrativen Geschäften in Einklang gebracht: Die Knollen der Iris oder des Giaggiolo, wie sie sagen, liefern eine wertvolle Parfüm-Essenz. Und da es nie genug Gründe zum Feiern gibt, widmen die Bürger von San Polo ihr im Mai ein Fest.

Der Höhepunkt des Jahres ist für Greve die Rassegna del Chianti Classico, die Weinmesse im September, wenn die Winzer aus dem Umland ihre Kreszenzen auf dem Marktplatz präsentieren.

Daten und Fakten

Zeittafel

Die Frühzeit

Ca. 1000–300 v. Chr.: Etrusker entwickeln zwischen Tiber, Apennin und Arno eine Hochkultur. Fiesole ist eine ihrer Höhenstädte.

3. Jh. v. Chr.: Römer gründen die Siedlung »Florentia« = Florenz.

59 v. Chr.: Cäsar erteilt das Stadtrecht. Wohlstand durch Fernhandel, der Untergang des Imperiums kappt die Verbindungen.

4. Jh.: Florenz wird Bischofssitz neben Fiesole.

6. Jh.: Kämpfe zwischen Byzantinern und Goten. Langobarden gründen ein Herzogtum Toskana.

774: Karl der Große errichtet eine Markgrafschaft.

1138: Florenz wird erstmals als autonome Stadt erwähnt.

1125: Florenz erobert Fiesole.

1183: Barbarossa anerkennt die Rechte von Florenz und anderer Stadtrepubliken.

Aufstieg zur Handelsmacht

Ab 1200: Florentiner Kaufleute und Geldwechsler unterhalten internationale Beziehungen, selbst zu Königshäusern.

1207: Die rivalisierenden Familien setzen als neutralen Regenten den Podestà ein.

1220–1250: Der Konflikt zwischen Papst und Kaiser bzw. ihren Parteigängern, den Guelfen und Ghibellinen, verschärft sich unter dem Staufer Friedrich II. und spaltet die Stadt.

1252: Einführung des Goldflorin (»fiorino« = Florentiner). Florentiner erfinden den Wechsel als bargeldloses Zahlungsmittel.

1260: Bei Montaperti schlägt ein Ghibellinenheer die Guelfen mit Hilfe Sienas und des Staufers Manfred.

1267: Karl von Anjou, vom Papst gerufen, besiegt Manfred und die Ghibellinen. Er regiert sieben Jahre als Podestà.

1293: Ausschluß des Adels von der Politik auf Betreiben der Zünfte. Ihre Priori regieren als Signoria (Magistrat).

1302: Dante wird als »weißer Guelfe« verbannt.

1333: Verheerende Überschwemmungen.

1348: An der Pest stirbt ein Drittel der 100 000 Einwohner.

1378–1382: Die Revolution der Wollarbeiter (»ciompi«) scheitert.

1405/06: Florenz erobert Pisa und somit den Zugang zum Seehandel.

Das Goldene Zeitalter

Trotz Wirtschaftkrisen, kriegerischer Konflikte und Tyrannei entwickelte sich Florenz zum Zentrum der Renaissance in Europa.

1434–1737: Die Medici, als Bankiers der Päpste reich geworden, gelangen unter Cosimo Il Vecchio (reg. 1434–1464) zur Herrschaft. Ihre Dynastie regiert drei Jahrhunderte lang. Die erfolgreichsten Potentaten sind Lorenzo Il Magnifico (Der Prächtige, reg. 1469–1492) und Cosimo I. (reg. 1537 bis 1574).

1494–1498: Herrschaft des Bußpredigers Savonarola. Er wird als Ketzer hingerichtet.

1513: Der Philosoph Machiavelli (»Der Fürst«) wird verbannt.

1527: Die Plünderung Roms durch Kaisertruppen nutzend, vertreiben die Republikaner die Medici ein letztes Mal. Kaiser Karl V. besetzt Florenz.

1532: Karl V. setzt Alessandro de' Medici als erblichen Herzog ein. Der Tyrann wird vom Cousin Lorenzino ermordet.

1537: Der 18jährige Cosimo I. folgt nach und errichtet einen stabilen Territorialstaat. Pius V. bestätigt ihn 1569 als Großherzog von Toskana.

Unter österreichischer Ägide

Unter den Nachfolgern ist das Großherzogtum Spielball fremder Mächte. Der letzte Großherzog, Gian Gastone, stirbt 1737 kinderlos. Die Schwester vererbt die Kunstschätze dem Staat.
1737: Das Haus Lothringen erhält die Toskana als Reichslehen. Erster Großherzog ist Franz Stephan, Gatte von Maria Theresia, die 1745 Kaiserin wird. Habsburg-Lothringen herrscht, mit Ausnahme der Napoleon-Ära, bis 1859. Die Stadt wird unter dem aufgeklärten Liberalismus Italiens Kulturmetropole.
1865–1871: Florenz ist Hauptstadt des Königreichs Italien.
1944: Die Wehrmacht zerstört fünf Arnobrücken, der Ponte Vecchio in letzter Minute verschont.

Zum Weltkulturerbe erklärt

1966: Verheerungen durch eine Flutkatastrophe, die Restaurierungen beanspruchen Jahrzehnte.
1982: Die Unesco erklärt die Altstadt zum Weltkulturerbe.
1986: Festjahr als europäische Kulturhauptstadt.
1993: Ein Bombenattentat der Mafia richtet Schäden an den Uffizien an, deren Behebung dauert an.

Künstler- und Autoren-ABC

Leon Battista Alberti, 1404–1472, Architekt und Kunsttheoretiker; Palazzo Rucellai, Fassade von S. Maria Novella.
Bartolomeo Ammanati, 1511–1592, Architekt, Bildhauer; Neptunsbrunnen auf der Piazza della Signoria.
Giovanni Boccaccio, 1313–1375, Verfasser des »Decamerone«, trat als Humanist für das Studium griechischer und lateinischer Schriften ein.
Andrea Bonaiuto, genannt da Firenze, 2. Hälfte 14. Jh., Fresken in der Spanischen Kapelle in S. Maria Novella.
Sandro Botticelli, 1444–1510, Hauptwerke in den Uffizien, u. a. »Geburt der Venus«, »Allegorie auf den Frühling«, »Madonna del Magnificat«.
Filippo Brunelleschi, 1377–1446, Baumeister und Bildhauer; Domkuppel, S. Lorenzo, Ospedale degli Innocenti, Pazzi-Kapelle in S. Croce, S. Spirito.
Benvenuto Cellini, 1500–1571, Bildhauer und Goldschmied; »Perseus« in der Loggia dei Lanzi. Bronzebüste »Cosimo I.« im Bargello.
Dante Alighieri, 1264–1321, Italiens größter Dichter. Die »Vita Nuova« ist dem Gedächtnis der Geliebten Beatrice gewidmet. Seine »Göttliche Komödie« (Divina Commedia) ist »ein Anfang aller modernen Poesie wesentlich wegen des Reichtums und der hohen plastischen Macht in der Schilderung des Geistigen auf jeder Stufe und in jeder Wandlung« (Jacob Burckhardt). Dante bildet den Gipfel der italienischen Poesie.
Donatello, eigentlich Donato di Niccolò di Betto Bardi, 1386–1466, Freund und Schüler Brunelleschis, Erneuerer der abendländischen Plastik. Bronze »Judith und Holofernes« vor dem Palazzo Vecchio, Skulpturen für Dom, Campanile und Orsanmichele. Sängerkanzel im Dom-Museum, Hauptwerke im Bargello, u. a. »David«. Er ist der erste Bildhauer seit der Antike, dem ein bronzenes Reiterstandbild in höchster Vollendung gelang (»Gattamelata« in Padua).
Lorenzo Ghiberti, 1378–1455, Architekt, Maler und Bildhauer, Leiter der Dombauhütte (1425–1452); »Porta del Paradiso« des Baptisteriums.
Domenico Ghirlandaio, 1449–1494, Maler; Gemälde und Fresken in S. Maria Novella, Ognissanti, S. Trinita.
Benozzo Gozzoli, 1420–1497, Fresken in der Medici-Kapelle des Palazzo Medici-Riccardi, u. a. »Zug der Hll. Drei Könige« mit Porträts der Medici.
Niccolò Macchiavelli, 1469–1527, Staatsphilosoph des Absolutismus, »Der Fürst« (Il Principe).
Masolino, 1383–1447; Tafelbilder, Fresken in der Brancacci-Kapelle von S. Maria del Carmine.

MASACCIO, 1401–1429, Schüler von Masolino; Fresken in der Brancacci-Kapelle von S. Maria del Carmine (»Vertreibung aus dem Paradies«).
MICHELANGELO BUONARROTI, 1475–1564, Bildhauer, Maler, Architekt. Werke: »David« u.a. in der Accademia (Kopie vor dem Palazzo Vecchio), Neue Sakristei von S. Lorenzo mit Grabmonumenten (die vier Tageszeiten), Madonnen-Tondo in den Uffizien. Rom: Sixtinische Kapelle.
MICHELOZZO DI BARTOLOMMEO, 1396–1472, Bildhauer und Architekt, Palazzo Medici-Riccardi, Laterne der Domkuppel, Umgestaltung des ersten Hofes des Palazzo Vecchio, Kloster S. Marco.
JACOPO DEL PONTORMO, 1494–1556, Bildnis »Cosimo d. Ä.« (Cosimo Il Vecchio), Tafelbilder in SS. Annunziata, Uffizien.
RAFFAEL, Sanzio oder Santi, 1483–1520, Architekt, Maler; Gemälde in den Uffizien, »Selbstporträt«, »Madonna mit dem Stieglitz«, und im Palazzo Pitti.
LUCA DELLA ROBBIA, 1400–1482, Bildhauer, Begründer der bekannten Werkstatt; Sängerkanzel im Dom-Museum, Werke im Bargello.
ANDREA DEL SARTO, 1486–1530, Maler, Gemälde in den Uffizien, u.a. »Madonna der Harpyien«, Fresken in SS. Annunziata.
PAOLO UCCELLO, 1397–1475, Maler; freskiertes Reiterstandbild des John Hawkwood im Dom, Gemälde »Schlacht von San Romano« in den Uffizien, Fresken im Kreuzgang von S. Maria Novella.
GIORGIO VASARI, 1511–1574, Maler, Architekt, Kunstschriftsteller, »Lebensgeschichten der berühmtesten Maler, Bildhauer und Architekten der Renaissance«. Bau der Uffizien, Fresken im Palazzo Vecchio.
LEONARDO DA VINCI, 1452–1519, Universalkünstler und Erfinder; »Die Verkündigung« in den Uffizien.

Florenz von A bis Z

Angaben zur Statistik

Rund 450 000 Einwohner leben in Florenz, der Hauptstadt der Region Toskana und der Provinz Florenz.
Die Region Toskana besitzt 3,6 Millionen Einwohner, von denen rund 1,2 Millionen in der Provinz Florenz ansässig sind.
Etwa 172 000 Florentiner sind berufstätig. Auf den Dienstleistungssektor entfallen rund 75%, es folgen die Industrie mit gut 24% (Chemie, Pharmazie) und die Landwirtschaft mit rund 1%.
102 km² beträgt die Fläche der Metropole, die sich vorwiegend über die Talebene des Arno, aber auch über die Hänge der angrenzenden Hügel erstreckt. Durchschnittliches Niveau: 50 Meter ü. M. Die Piazzale Michelangelo: 104 Meter ü. M.

Feiertage und Feste

1. JANUAR: Neujahr – Capodanno
6. JANUAR: Dreikönigstag – Epifania di Gesù
OSTERN – Pasqua
25. APRIL: Jahrestag der Befreiung – Anniversario della Liberazione
1. MAI: Tag der Arbeit – Festa del Lavoro
24. JUNI: Namenstag des Schutzpatrons der Stadt, Johannes' des Täufers – Festa di S. Giovanni; mit brillantem Feuerwerk
15. AUGUST: Mariä Himmelfahrt – Ferragosto, Beginn des allgemeinen Sommerurlaubs
1. NOVEMBER: Allerheiligen – Festa di Ognissanti
8. DEZEMBER: Mariä Empfängnis – Immaculata Concezione
25. UND 26. DEZEMBER: Weihnachten – Natale di Gesù

• Die TRADITIONSFESTE zeugen noch von der exorbitanten Phantasie der Florentiner, mit der sie einst nahezu monatlich große Feste der Zünfte, der Stadt oder der Kirche begingen.
OSTERSONNTAG: Lo Scoppio del Carro, Domplatz. Ein Taube, die vom Hauptaltar an einem Draht »herbeifliegt«, entzündet einen mit Feuerwerkskörpern bestückten großen Karren. Der Brauch geht auf das 12. Jahrhundert zurück, als der Kreuzritter Pazzo de' Pazzi drei Steine aus Jerusalem mitbrachte, die als Feuersteine beim Entzünden des heiligen Osterfeuers dienten. Glanzvoller Festzug und Prozession.
1. SONNTAG NACH HIMMELFAHRT: Festa del Grillo, Cascine-Park. Das Fest der Grillen macht besonders Kindern Spaß. Fleißige fangen die Glücksbringer in der Natur, Schlaue kaufen sie in Käfigen am Parktor. Das Picknick im Grünen gehört zum guten Brauch. Zugang von der Piazza Vittorio Veneto.
JUNI/JULI: Calcio in Costumi. Das historische Fußballspiel, gemischt mit Stilelementen des Rugby und American football, stammt zwar aus der Antike, indes treten die Mannschaften in Kostümen des Mittelalters an. Wohl spielt es eine Rolle, wer siegt, aber das Gaudium ist ebenso wichtig. Eingeleitet wird es durch einen großen Festzug. Hauptspielplätze sind die Piazza della Signoria und die Piazza Santa Croce.
7. SEPTEMBER: La Rificola. Laternenumzug am Vorabend zum Festtag Mariä Geburtstag. Die Laternen, phantastische Kreationen, werden an hohen Stangen durch die Straßen getragen, in deren Fenster Lampions und Laternen leuchten. Das Fest führten die Österreicher im 19. Jahrhundert ein.

• Der traditionsreichen Liebe zur Musik und zur Bühne tragen die FESTSPIELE Rechnung.

Ende April – Juli: Internationales Musikfestival Maggio Musicale Fiorentino (Opern, Ballett und Konzerte)
Mitte Juni – Ende August: Estate Fiesolana, Aufführungen unter freiem Himmel im römischen Theater in Fiesole (Theater, Tanz, Konzerte, Film)

Geographie

Lage: 43.46 Nord, 11.15 Ost. Florenz ist das Zentrum der norditalienischen Region Toskana. Im Norden und Osten wird die Stadt von dem bis zu 2000 Meter ansteigenden Tosko-Emilianischen Apennin abgeschirmt. Nach Süden hin erstreckt sich das hügelige Rebland des Chianti. Nach Westen öffnet sich die Landschaft des Arnobeckens zum Ligurischen Meer. Der Arno, an dessen Mittellauf Florenz liegt, ist der Hauptfluß der Region. Seine von Hügeln umkränzte Talebene gewährte den Stadtgründern ein fruchtbares Siedlungsland. Allerdings brachte der Bergfluß mit Hochwasserfluten sowie Schlamm- und Geröllmassen der Stadt oftmals katastrophale Schäden bei. Der Hausberg von Florenz ist der Monte Morello mit 934 Meter Höhe, nördlich von Fiesole. Zwei Berge ermöglichen sogar Wintersport: im Osten bei Vallombrosa der 1592 Meter hohe Pratomagno sowie der in der Südtoskana gelegene Monte Amiata, 1738 Meter hoch.

Kunst, Kultur und Bildung

Ein Drittel aller Kunstschätze Italiens sind in Florenz und der engeren Umgebung beheimatet. Die magistralen Werke der europäischen Malerei und Plastik bilden die Hauptattraktion der Stadt und ihrer Museen. Die Galleria degli Uffizi ist mit über einer Million Besucher im Jahr das meistfrequentierte Museum Italiens; sie besitzt 3500 Werke, die Flut der Handzeichnungen nicht eingerechnet.
Die Stadt, die neben Kunst auch Kultur und Bildung, Literatur und Architektur verkörpert, vereint in ihren Mauern folgende Institute und Institutionen:

- Hochschule (gegründet 1349)
- Universität (gegründet 1924)
- Akademie der Künste (gegründet 1562)
- Kunst- und Sprachenschulen (insgesamt rund 35 000 Studenten)
- Europäisches Hochschulinstitut (gegründet 1897)
- 23 ausländische Kultureinrichtungen und Forschungsstellen
- 33 Museen
- 15 Theater

Klima

Milde Winter, heiße Sommer. Angenehm temperierter Frühling und Herbst (siehe auch »Reisezeit«).

Reisezeit

Die milden, indes feuchten Winter empfehlen sich als Reisezeit, weil dann die wenigsten Touristen vor Ort sind. Wer aber möchte auf den natürlichen floralen Schmuck verzichten in einer Stadt, die der Göttin Flora geweiht wurde? Die Sommer, mit maximal 41° Celsius und 30° Celsius im Schnitt, sind heiß und stickig. So nehme man mit dem Frühling oder Herbst vorlieb. Die Sonne scheint dann 7 bzw. 6 Stunden am Tag, die Temparaturen betragen 32° bzw. 34° Celsius maximal, die Luftfeuchtigkeit 72% bzw. 76%. Die Touristensaison beginnt kurz vor Ostern und klingt nach Allerheiligen aus. Im Oktober und November können heftige Schauer niedergehen. Die Luftbelastung ist relativ gering, da die Innenstadt fast autofrei ist. In diesem Zusammenhang mögen die Ein-PS-Mobile, die vom Domplatz Fahrgäste durch die gesperrte »Blaue Zone« transportieren, als ökotouristisch und zukunftweisend gelten: die Pferdedroschken.

Tourismus

Rund zwei Millionen Besucher zählt jährlich die Kunststadt, zwei Drittel von ihnen reisen aus dem Ausland an. Die 370 Hotels mit 21 000 Betten verbuchen sechs Millionen Übernachtungen im Jahr.

Kleiner Hotelführer

Vorbestellungen sind unbedingt anzuraten, zumal wenn Sie ein bestimmtes Hotel einplanen möchten.
Beim Begleichen der Rechnung werden im allgemeinen Kreditkarten akzeptiert, die gängigsten sind American Express, Diners Club, Visa und Euro-Card. Im allgemeinen ist der Service zufriedenstellend bis gut. Das Frühstück, das man bis

10 Uhr eingenommen haben soll, ist oft unverhältnismäßig teuer. Sollte kein Frühstücksbüffet geboten werden, empfiehlt es sich, den Tag mit einem Besuch im Café zu beginnen.

HOTEL ALDINI. Das Zwei-Sterne-Haus liegt an der bekanntesten Fußgänger-Magistrale Via Calzaiuoli, vom Fenster schaut man auf den Domplatz. Die Zimmer sind hinreichend komfortabel. Karges Frühstück. (Doppelzimmer ab ca. 120 DM, Via Calzaiuoli 13, Tel. 21 47 52, Fax 29 16 21)

PENSIONE ANNALENA. Die Fenster mit Aussicht auf die Boboli-Gärten bieten Schönheit und gute Luft. Der Palazzo des 15. Jahrhunderts wurde mit modernem Komfort versehen. (Doppelzimmer etwa ab 150 DM, Via Romana 34, Tel. 22 24 02, Fax 22 24 03)

HOTEL BRUNELLESCHI. Angenehmes Altstadthotel im Wehrturm mit Aussichtsterrasse, Museum im Keller. (Doppelzimmer ab ca. 200 DM, Piazza S. Elisabetta 3, Tel. 56 20 68, Fax 21 96 53)

HOTEL VILLA BELVEDERE. Umgeben von einem Park, bietet die Villa mit Charme einen weiten Blick über die Stadt- und Hügellandschaft. Etwa zwei Kilometer vom Ponte Vecchio an den Boboli-Gärten vorbei, dann Via Senese. (Doppelzimmer ab ca. 220 DM, Via Benedetto Castelli 3, Tel. 22 25 01, Fax 22 31 31)

CLASSIC HOTEL. Die geschmackvoll eingerichtete und mit Sorgfalt geführte Herrschaftsvilla aus dem 18. Jahrhundert befindet sich in der Nähe der Boboli-Gärten. (Doppelzimmer ab ca. 100 DM, Viale Machiavelli 25, Tel. 22 93 51, Fax 22 93 53)

GRAN HOTEL. Der absolute Luxus in Renaissance-Suiten mit rekonstruierten Fresken und Blick auf Arno und die jenseitigen Viertel. Zum Shopping ist es nur ein Katzensprung, und zu den Uffizien spaziert man entlang der Uferstraße. Wer eine Faible für Namedropping hat, kann sich u. a. auf Paloma Picasso und Luciano Pavarotti als Vormieter berufen. (Suiten pro Nacht 1700–2300 DM, Doppelzimmer ab ca. 330 DM, Piazza Ognissanti 1, Tel. 28 87 81, Fax 21 74 00; Buchungen auch über Tel. 01 30/90 92)

HOTEL HELVETIA & BRISTOL. Im Gästebuch des luxuriösen Altstadtjuwels beim Palazzo Strozzi stehen illustre Namen wie Gary Cooper und Giorgio de Chirico. (Doppelzimmer ab ca. 420 DM, Via dei Pescioni 2, Tel. 28 78 14, Fax 28 95 95)

HOTEL LIANA. Ruhiges Stadthotel in der Nähe des Domes. Das Gebäude mit kleinem Garten war einst Sitz der britischen Botschaft. Autofahrer können auf der Piazza Donatello parken. Das Frühstück gewährleistet eine solide Grundlage. (Doppelzimmer ab ca. 80 DM, Via Alfieri 18, Tel. 24 53 03/04, Fax 2 34 45 96)

HOTEL LOGGIATO DEI SERVITI. Ein mittelgroßes stilvolles Stadthotel, das in einem ehemaligen Servitenkloster eingerichtet wurde und sich seit 150 Jahren in Familienbesitz befindet. (Doppelzimmer etwa ab 150 DM, Piazza SS. Annunziata 3, Tel. 28 95 92, Fax 28 95 95)

HOTEL VILLA MEDICI. Die geräumige stilvolle Luxusherberge, bei der Porta al Prato, empfiehlt sich durch das renommierte Dach-Restaurant »Lorenzo de' Medici« mit Blick auf die Altstadt. Eigener Pool. (Via il Prato 42, Tel. 21 06 64, Fax 2 38 13 36)

PENSIONE RIGATTI. Im Palazzo Alberti, in der Nähe der Uffizien gelegen, bietet das familiär geführte Haus einen herrlichen Blick auf das Flußpanorama. Ruhige Zimmer nach hinten. (Doppelzimmer ca. 100 DM, Lungarno Generale Diaz 2, Tel. 21 30 22, November bis März geschlossen)

HOTEL TORRE DI BELLOSGUARDO. Die renovierte Renaissancevilla mit feudalem Flair thront auf einem romantischen Villenhügel westlich der Boboli-Gärten. Den »Schönblick« gewährt sie auf die gesamte Stadtlandschaft. Daß man hier dem Himmel näher ist, mag man aus den astronomischen Studien folgern, die Galilei in der Nachbarschaft betrieb. Freundliche, familiäre Atmosphäre. Der Garten mit Pool ermöglicht auch Sommeraufenthalte. (Doppelzimmer etwa ab 250 DM, Via Roti Michelozzo 2, Tel. 2 29 81 45, Fax 22 90 08). Empfehlenswerter Spaziergang von der Piazza Torquato Tasso zur Piazza Bellosguardo wegen der Aussicht (ca. 1 km).

In Fiesole

HOTEL VILLA SAN MICHELE. Das noble Haus der Luxusklasse liegt auf halber Höhe des Hügels La Doccia. Neben der noblen Atmosphäre, in der die klösterliche Vergangenheit des Anwesens mitschwingt, wird viel Komfort geboten und vor allem ein zauberhafter Blick auf Florenz. (Via Doccia 4, Tel. 5 94 51, Fax 59 87 34)

Personen- und Sachwortverzeichnis

Die **fett** gesetzten Ziffern verweisen auf ausführliche Erwähnungen, die *kursiven* auf Bildlegenden.

Eine Produktion des
Bruckmann-Teams, München

Konzeption (verantwortlich):
Robert Fischer

Lektorat: Dr. Sabine Klinkert

Bildredaktion: Robert Fischer

Produktion und Layout:
VerlagsService Dr. Helmut Neuberger & Karl Schaumann GmbH, Heimstetten

Herstellung: Peter Schneider

Bildnachweis:
Bildarchiv Huber/Simeone, Garmisch-Partenkirchen: S. 4/5 (Tribünensaal in den Uffizien)
Alle übrigen Bilder dieses Bandes stammen von Ernst Wrba, Sulzbach/Taunus.

Kartographie der Übersichtskarten:
Elsner & Schichor, Karlsruhe.

Alle Angaben dieses Werkes wurden vom Autor sorgfältig recherchiert und auf den aktuellen Stand gebracht sowie vom Verlag auf Stimmigkeit geprüft. Für die Richtigkeit der Angaben kann jedoch keine Haftung übernommen werden. Für Hinweise und Anregungen sind wir jederzeit dankbar. Bitte richten Sie diese an den Bruckmann Verlag, Lektorat, Nymphenburger Straße 86, 80636 München.

Gedruckt auf chlorfrei gebleichtem Papier

Die Deutsche Bibliothek –
CIP-Einheitsaufnahme

Florenz / Ernst Wrba/
Paul Otto Schulz.
– München : Bruckmann, 1996
(Bruckmanns Städteporträts)
ISBN 3-7654-2822-1
NE: Wrba, Ernst; Schulz, Paul Otto

Gesamtherstellung: Bruckmann, München
Druck: Gerber + Bruckmann, München
Printed in Germany
ISBN 3-7654-2822-1